대한민국의 미래 **과학두뇌가 희망이다**

대한민국의 미래

과학두뇌가 희망이다

이상희 지음

한걸음·더

우주를 향해 꿈을 펼쳐라

그동안 살아오면서 가장 보람 있었던 일 중 하나는 한국우주소년단(YAK)을 창단한 것이다. 미국, 소련, 유럽, 일본 등 선진국들이 국가의 미래를 위해 청소년 과학교육에 엄청난 투자를 하고 있을 때 청소년들에게 우주과학에 대한 꿈과 희망을 키워주고 과학영재, 과학꿈나무를 길러내야겠다는 열정 하나로 만든 것이 바로 한국우주소년단이다. 미국과 러시아, 일본에 이어 세계에서 네 번째로 창립된 한국우주소년단은 과학을 활동 주제로 하는 한국 최초이자 유일한 청소년 단체다. 현재는 중국, 호주, 홍콩, 우크라이나 등 35개 회원국이 활동하고 있다.

1989년 3월에 문을 연 한국우주소년단은 과학의 기초를 튼튼히 하기 위한 과학 및 수학학력평가와 수학경시대회, 우주에 대한 관심과 호기심을 충족시켜 주기 위한 모형로켓경진대회, 별의 축제, 우주재능대회, 우주과학캠프 등 다양한 행사를 열었다. 우주비행사나 NASA 연구원을 초청하여 우리 청소년들과 만남의 장을 마련하고 1993년과 2004년에는 세계우주소년단대회를 개최하는 등 적극적인 활동을 펼쳐 왔다. 각국의 우주소년단원들이 한자리에 모여 우정을 나누는 세계우주소년단대회는 국제우주소년단의 창립 이념인 '우주를 통한 인류 평화'를 실현하는 무대이기도 하다.

한국우주소년단은 이외에도 컴퓨터와 인터넷으로 대변되는 사이버문화의 급속한 확산에 발맞춰 에듀게임월드컵, 정보화캠프, 컴퓨터재능대회, 컴퓨터창의성대회 등을 열어 누구보다 앞장서서 청소년들에게 정보화마인드를 심어주고 드높여 왔다. 과학의 대중화를 위한 이와 같은 다양하고 지속적인 노력은 청소년들이 미래의 꿈을 현실화하는 데 큰 역할을 했다. 현재 한국우주소년단원들은 자기개발과 더불어 나라의 미래를 책임지겠다는 사명감을 가지고 열심히 노력하고 있다.

한국우주소년단 활동의 기본 취지는 다음과 같다.

첫째, 과학을 좋아하는 청소년에게 과학 활동을 할 수 있는 장을 마련해 주어 자연스럽게 과학에 대한 흥미와 관심을 북돋아준다. 둘째, 감수성이 예민한 청소년들에게 다양한 체험을 할 수 있는 기회를 제공함으로써 자신의 관심 분야가 무엇인지 발견할 수 있도록 도와준다. 셋째, 이러한 과정을 통해 쌓인 작은 감동들이 긍정적인 인생관으로 이어지도록 한다.

과학기술은 국가 및 인류 발전을 위한 가장 중요한 요소다. 그러나 최근 우리나라 학생들의 이공계 기피 현상은 매우 심각하다. 이에 따라 정부에서는 이공계 진학자들에게 주는 장학금을 대폭 늘이는 등 각종 지원책을 내놓고 있지만 보다 근본적인 대책은 과학꿈나무를 육성하는 데 있다는 공감대가 사회적으로 형성되고 있다. 이러한 현실 속에서 과학에 관심을 갖고, 적극적으로 활동하겠다는 의지를 갖고 모인 5만 명의 단원과 3000명의 지도자는 바로 과학한국을 이끌어 갈 우리의 희망이라고 할 수 있다.

나는 창단 10주년 행사 때 이렇게 말했다.

"우리는 우주소년단, 지구는 좁습니다. 저 넓은 우주를 우리의 생활공간으로 합시다. 그러기 위해서 우리는 과학으로 놀고 과학으로 체험하여 무한한 창의력을 키웁시다. 여러분이 성인이 되면 약혼식은 한국에서 하고, 결혼식은 달에서 하고, 신혼여행은 화성으로 갈 수 있도록 만듭시다. 오늘부터 그 목표를 향해 과학으로 재미있게 노는 과학친구가 되도록 다 함께 노력합시다."

우주는 공간이 넓다. 무한대에 가깝다. 땅바닥을 쳐다보면 시야가 좁아지니까 생각하는 것도 좁아질 것이고, 우주를 쳐다보면 시야가 한없이 넓어지니까 생각하는 것도 넓어질 것이다. 또한 탁 트인 공간에서 각자 다른 학교에 다니는 학생들이 서로 모이면 좀 더 발랄하고 적극적이며 창조적으로 생각할 수 있을 것이다.

2008년 4월 8일은 한국우주소년단은 물론 우리 국민 모두에게 매우 의미 있는 날이었다. 한국 최초의 우주인 이소연 씨가 탑승한 소유즈 우주선이 하늘로 발사된 것이다. 약 50시간 정도 걸려 국제우주정거장(ISS)에 올라간 이소연 씨는 그곳에서 9박 10일 동안 머물며 지구와 우주에서의 물의 현상 비교, 회전운동과 뉴턴법칙 비교, 펜의 사용 차이점을 통한 중력 영향 비교, 우주에서 쓸 수 있는 '우주저울'의 실효성, 차세대 메모리 소자 실증실험 등 무중력 상태의 우주공간에서만 가능한 총 18가지 과학실험과 한국식 우주만찬, 태극기 퍼포먼스 등의 우주임무를 성공적으로 마치고 19일 오후 지구로 돌아왔다. 이로써 우리나라는 세계에서 36번째로 우주인을 배출하고 11번째로 우주과학 실험을 한 국가가 되었다.

이소연 씨는 영상을 통해 대통령과 우주교신을 하면서 다음과 같은 당부의 말을 전하기도 했다.

"우주에 오게 되니까 과학기술의 대단함을 다시 한 번 느끼게 됐습니다. 4월 21일 과학의 날에만 '자원이 부족한 우리나라의 지지대가 과학' 이라는 말씀을 하실 게 아니라 1년 365일 내내 과학기술 발전을 위해 많은 도움을 주셔서 우리나라 모든 국민들이 우주를 왔다 가볼 수 있게 해주십시오."

지난 세기에는 바다를 지배하는 사람이 세계를 지배한다고 했지만 앞으로는 하늘을 지배하는 나라가 최강국이 될 것이다. 국토방위와 국가안보를 튼튼히 하기 위해서는 반드시 첨단우주항공기술을 갖추고 있어야 한다.

국제유가가 오르고 중국이 비약적으로 성장하는 등 갈수록 우리의 경제 환경은 어려워지고 있다. 그러나 전통적으로 과학기술에 훌륭한 자질을 갖춘 우수한 청소년들이 많은 우리나라는 이들을 과학기술계로 진출시킬 수 있는 사회적인 환경만 조성할 수 있다면 계속해서 발전하는 축복받은 나라가 될 것이다.

"사랑하는 이 나라의 희망들이여! 우주의 주인공이 되면 자연히 지구의 주인공이 될 수 있습니다. 우리 모두 저 무한한 우주 공간을 향해 상상의 날개를 펼칩시다."

2008년 여름

이 상 희

차례

PART 03 창조적 두뇌입국이 우리의 희망이다

동양의 마녀라는 팀을 아십니까?

한국 축구팀 선수들은 유럽이나 남미 선수들에 비해 체구가 적고 체력 면에서도 뒤떨어지는 것이 사실이다. 그러나 2002년 한일 월드컵 때 우리는 보란 듯이 4강 신화를 만들어냈다. 전 세계가 깜짝 놀란 기적 같은 일이었다. 온 국민이 하나 되어 대한민국을 응원하던 소리가 아직도 귓가에 울리고 있다. 하지만 4년 후 우리는 16강 문턱조차 넘지 못했다.

2002년의 일은 꿈이었을까. 주최국 프리미엄 운운하며 더 이상은 불가능한 일이라고 포기하고 4강 신화에 만족할 것인가.

아니다. 포기할 이유는 없다. 우리의 축구팀은 계속해서 세계 4강에 오를 수 있다. 오히려 4강을 경험했으니 이제는 우승을 노려야 할 때라고 생각해야 한다. 방법은 있다.

1978년 10월의 일이다. 당시 내가 근무하던 동아제약은 매출액은 제약업계에서 1위였지만 축구팀은 H제약에 7:0으로 패하는 등 최하위권에서 벗어나지 못하고 있었다. 그해 제1회 보사부장관기 제약회사 대항 축구시합이 효창운동장에서 열렸다. 제1회라는 상징적인 의미 때문인지 많은 제약회사들이 우승을 목표로 상무나 실업팀 코치를 감독으로 영입해 선수들을 훈련시켰다. 제약업계에 마치 월드컵 비슷한 분위기가 형성된 것이다.

그러나 동아제약의 분위기는 사뭇 달랐다. 참가 여부를 결정하기 위해 열린 이사회에서 대부분의 이사들은 출전해 봤자 망신만 당할 것이라며 반대하고 나섰다. 매출액 1위인 회사가 굳이 축구시합에 나가 창피를 당할 이유는 없다는 것이었다. 당연히 이사회 의견은 나가지 않은 쪽으로 모아졌다. 나로서는 도저히 받아들일 수 없는 결론이었다. 해보지도 않고 포기한다는 것은 비겁한 짓이었다.

나는 발언권을 얻어 이사들을 설득했다.

"우리 동아제약 직원들은 업계 1위라는 것에 큰 자부심을 가지고 있습니다. 동아제약을 목표로 열심히 뒤쫓아 오고 있는 상위권 제약회사들은 모두 참가하는데 업계 1위인 우리가 참가하지 않는다면 직원들은 크게 실망할 것이고, 사기는 크게 떨어질 것입니다.

더군다나 우리 영업사원이 약국이나 병원을 찾아가면 자연히 축구 대회가 화제에 오를 것이고, 출전 여부를 물을 텐데 동아제약만 출전하지 않는다고 대답하면 약국이나 병원 담당자들이 어떻게 생각하겠습니까? 그리고 화제에서 벗어나 있는 우리 영업사원들은 또 얼마나 자존심이 상하겠습니까? 그 상태에서 영업할 의욕이 생기겠습니까?"

이사들은 나를 못마땅한 눈초리로 쳐다보았다. 그들 대부분은 회사 창업 이래 초고속 승진을 거듭하고 있는 나를 좋게 보지 않았다. 그들은 잠시 서로 대화를 주고받더니 나에게 말했다.

"그럼 당신이 축구팀 감독을 맡으시오."

잘난 척할 때가 따로 있지 골탕 한번 제대로 먹어 보라는 뜻인 것 같았다. 나는 물러서지 않았다. 축구대회에 참가해야 하는 이유와 필요성을 주장하던 나였다. 빠져나갈 길이 없다면 뚫고 나아가는 것이 상책이었다.

"좋습니다. 하지만 두 가지 조건이 있습니다. 첫째, 우리 팀이 우승하면 선수 전원을 2호봉 승진시켜 주십시오. 둘째, 제가 어떤 사람을 요구해도 부서에서는 적극 협조해 인원을 내주십시오."

첫 번째 조건을 받아들이면 선수들은 1년에 자연적으로 1호봉이 승진되니 3호봉이 승진되는 셈이었다. 이는 전례가 없는 일이었지만 이사진들은 흔쾌히 받아들였다. 두 번째 조건도 마찬가지였다. 이사들은 그동안의 경험으로 다른 회사 축구팀의 실력이 우리보다 월등히 낫다는 것을 잘 알고 있었다. 더군다나 그들은 상무나 실업팀에서 감독을 모셔와 연습을 시킨다는데 축구를 잘할 것 같아 보이지 않는 내가 선수들을 선발해서 훈련을 시킨다니 우습게 여겼던 것이다. 우승은커녕 1차전에서 크게 패해 톡톡히 망신을 당할 것이라고 생각했는지도 모른다.

어쨌든 이사들이 방심하는 사이에 두 가지 조건을 따낸 나는 설문지를 준비해서 공을 차본 경험이 있는 사람들을 모두 강당으로 불러 모았다. 하나둘 강당에 모여든 사람들은 내 입에서 무슨 말이 나올지 궁금하다는 눈빛으로 나를 쳐다보았다. 나는 사람들의 시선을 한 몸에 받으며 연단 위로 올라갔다.

"동양의 마녀라는 일본 배구팀을 아십니까?"

나는 대뜸 그들에게 물었다. 그들은 영문을 모르겠다는 듯 고개를 흔들었다. 축구 때문에 모였는데 갑자기 웬 배구? 하는 표정들이었다.

"1964년 도쿄올림픽 때 일본의 여자 배구는 세계 최강인 소련팀을 물리치고 금메달을 따냈습니다. 체구가 작은 일본 선수들이 덩치 큰 소련 선수들을 이긴 것입니다. 전 세계가 깜짝 놀라 불가능에 가까운 일을 해낸 일본 선수들에게 '동양의 마녀'라는 별명을 붙여주었죠. 당시 일본 여자 배구팀을 이끈 사람은 바로 다이마츠 히로부미 감독입니다. 그는 체력 조건이 월등히 뛰어난 소련팀을 꺾기 위해 키 작은 사람의 장점을 극대화한 두 가지 기술을 개발했습니다. 하나는 상대팀 선수가 공을 내리꽂을 때 넘어지면서 공을 받아 토스해 올리는 것이었습니다. 이 기술은 키 큰 사람은 써먹을 수 없습니다. 키가 작기 때문에 넘어지면서 받아 올릴 수 있는 것입니다. 두 번째는 시차 공격입니다. 공을 토스해 올리자마자 점프를 해서 강하게 상대팀 네트를 향해 내리치는 것이었죠."

사람들은 점차 내 이야기에 흥미를 보였다.

"이 두 가지 기술을 완벽하게 익히기 위해선 뼈를 깎는 훈련이 필요했습니다. 감독은 모든 선수들을 소중히 여기고 공평하게 훈련시켰습니다. 누구 하나 특별히 대우하지 않았죠. 선수들은 지금의 우리들처럼 프로 선수가 아니었습니다. 업무가 끝난 후에 8시간 이상, 심지어는 그다음 날까지 연습하는 경우도 있었습니다. '육체는 정신에 의해 지배된다.'는 것이 히로부미 감독의 굳은 믿음이었습니다."

훈련장에서 히로부미 감독은 선수들의 이름을 부르지 않고 별명을 지어 불렀다. 이름을 부르고 욕을 하면 상처를 받을 수 있는 젊은 아가씨들이었기 때문이다. 별명을 부르며 화를 내면 선수들은 자기 자신이 욕을 먹는다는 느낌을 받지 않았다.

히로부미 감독은 선수들이 연습을 하다 지쳐 쓰러지면 양동이에 물을 담아 끼얹었다. 그러면 선수들은 "악!" 소리를 지르며 일어섰다. 그래도 개인이 아니라 나라를 대표하는 선수로 질책을 받고 있다는 분위기가 형성되었고, 오기와 투지가 생기는 그때, 선수들의 정신과 실력은 한 단계 올라섰다.

"여러분도 아시다시피 동아제약 축구팀은 제약업계 중에서 최약체입니다. 우리들이 우승한다는 것은 결코 쉽지 않은 일입니다. 그러나 일본의 배구팀이 세계 최강인 소련의 배구팀을 꺾은 것만큼 어려운 일은 아닙니다. 우리도 할 수 있습니다."

나는 말을 마치고 나서 준비해 온 설문지와 볼펜을 돌렸다. 조용하던 강당 안이 잠시 소란스러워졌다. 30분 후에 설문지를 걷은 나는 먼저 어떻게 연습하면 우승하겠느냐는 질문에 죽을 각오로 열심히 하면 된다고 대답한 사람들을 뽑았다. 그리고 그중에서 피로 회복 속도가 빠른 스무 살 전후의 청년 22명을 최종 선발했다. 대략 12팀 정도 참가할 것으로 예상되는 이번 대회는 토너먼트 형식으로 치러져 결승까지 가려면 하루에 세 번 이상 경기를 해야만 했다. 따라서 체력 소모가 크다는 점을 감안해 정신력이 강하고 체력 회복이 빠른 사람을 뽑은 것이다.

나는 즉시 훈련에 들어가 다음 날부터 한 달 동안 거의 매일 새마을축구팀, 친목축구팀, 고등학교 축구팀 등과 시합을 했다. 시합을 통해 연습을 한 것이다. 연습 시합을 마친 후에는 아는 분을 통해 구한 월드컵 필름을 보여주며 선수들에게 다음과 같이 주문했다.

"사람을 보고 패스하지 말고 그 사이의 공간을 보고 패스하라. 다른 선수들은 그 사이 공간으로 공이 올 것이라는 가정을 하고 공을 받아라."

달리 말하면 두뇌 훈련을 시킨 것이다. 신체 훈련으로는 다리에 힘을 빼고 손으로 쥐듯이 발로 공을 받고 가는 것과 태클, 슬라이딩 등을 집중적으로 시켰다. 아마추어는 프로와는 달리 태클이 들어오면 당황하기 마련이었다.

선수들은 회사 업무를 마치고 밤늦게까지 연습하느라 고단했을 텐데 나를 믿고 내 지시를 잘 따라주었다.

드디어 시합 날이 다가왔다. 나는 경기에 들어가기 전에 선수들에게 말했다.

"지금 여러분들 옆에 서 있는 동료를 믿어라. 우리는 하나라는 생각을 잊어서는 안 된다. 누군가가 공을 잘못 찼다고 그 사람에게

이래라 저래라 하지 말고 내가 더 열심히 뛰어 동료의 잘못을 만회하겠다는 생각을 하라."

내 말이 끝나자 선수들은 일제히 파이팅을 외치고 경기장으로 나갔다.

A제약과 치른 첫 경기는 많은 이들의 예상을 뒤엎고 우리 팀이 승리했다. 경기가 끝나자 부서장들은 자신의 부하 직원들에게 금일봉을 건네며 격려의 말을 아끼지 않았다. 그것은 사실 사전에 내가 모두 준비해 놓은 것이었다. 자신이 속해 있는 부서의 장이 경기장에 와서 금일봉을 주며 열심히 하라고 하면 자연히 선수들의 사기는 오를 수밖에 없다. 동기부여를 확실히 받는 것이다.

그날 동아제약은 결승까지 단 한 골도 먹지 않고 승리에 승리를 거듭해 제1회 보사부장관기 우승컵을 손에 쥐었다. 일본의 배구팀이 강적 소련을 물리치고 우승한 것처럼 감독인 나를 중심으로 조감독(현 서울대 약대 이명걸 교수)과 선수들이 힘을 합쳐 누구도 예상하지 못한 기적을 만든 것이다. 그 기적을 현실로 만든 것은 바로 하고자 하는 의지와 창조적인 사고다.

우리나라 축구팀을 세계 4강에 올려놓은 히딩크 감독은 '축구도 과학'이라고 말했다. 과학은 미래 지향적 사고, 합리적 사고, 창조적 사고의 집합체라고 할 수 있다. 이 세 가지 사고를 바탕으로 하고자 하는 의지를 가지고 끊임없이 도전한다면 우리는 축구뿐만 이 아니라 사회, 경제, 정치, 문화 등 모든 분야에서 세계 최고가 될 수 있을 것이다.

"사랑하는 조국의 희망들이여! 동아제약 축구팀은 확고한 의지와 창의적인 사고로 원하는 목표에 빠져들어 기적을 이루어냈습니다. 여러분들도 확고한 의지와 창의적인 사고를 지니고 원하는 목표에 빠져들면 자신의 분야에 신명한 입직을 남길 수 있습니다."

Microbial Products
Our NEW Microbial AFFF
Micro-Blaze Out
Fire Fighting Agent
Introducing.....
Micro-Blaze Out PLUS
U/L Listed for both
Class A & Class B fires
Breaks Down Organic &
Hydrocarbon Wastes:
Diesel Fuel
Micro-Blaze

Part 01

꿈을 향한 도전은 아름답다

나는 희망을 버리지 않았다.
초등학교를 졸업하고 동래중학교에 들어간 나는
축구를 좋아하는 아이들을 모아
팀을 만들기도 했고 집에 돌아오면
고장 난 시계를 고치거나
광석 라디오 등을 조립하며 보냈다.
과학이 우리에게 닥친 어려움을 극복할 수 있는
힘이 되어줄 거라고 믿었던 것이다.

호기심 많은 시골 아이

"상희야 니는 딱 더운죽 먹은 개다."

어린 시절 할머님이 내게 자주 하시던 말씀이다. 하루 종일 집 밖을 나돌아 다니다 저녁때가 되어서야 돌아오는 나를 더운죽 먹은 개에 비유한 것이다. 더운죽을 먹으면 개든 사람이든 속이 답답해져서 바깥바람을 쐴 수밖에 없다. 내 마음속에는 항상 그런 뜨거움이 있었다. 그것은 다름 아닌 호기심이었다. 나는 세상에 대한 호기심이 누구보다 많았고, 궁금한 것이 생기면 잠을 못 잤다. 어떻게 해서든 알고 넘어가야 속이 후련해졌다.

나는 종갓집에서 3남 4녀 중 셋째로 태어났다. 야구로 치면 3번, 강타자인 셈이다. 고향은 경북 청도인데 그곳에서 어머님은 나를 가지셨고 부산으로 이사를 오신 후에 낳으셨다.

종손인 형은 어릴 때부터 부모님들의 많은 관심을 받으며 자랐다. 그러나 차남이었던 나는 부모님들이 별로 신경 쓰지 않아 자유롭게 지낼 수 있었다. 여기저기 돌아다니기를 좋아했던 나에게는 아주 잘된 일이었다.

내가 다니던 초등학교는 부산에서도 시골에 있었다. 마을과 마을 사이에는 넓은 논과 밭이 있어 마을들은 한참 떨어져 있었고 아이들은 이 마을 저 마을에 흩어져 살고 있었다. 나는 학교 수업이 끝나면 친구들과 어울려 그 넓은 지역을 거침없이 돌아다녔다. 논밭을 지나 산과 들, 심지어는 바닷가까지 내 발길이 닿지 않는 곳이 없었다. 나는 그렇게 마을마다, 집집마다 놀러 다닌 덕분에 어디에 누가 사는지 훤히 알게 되었다.

당시에는 학년이 바뀌어 반이 새로 편성되면 담임선생님은 학생들 집에 가정방문을 다니셨다. 그때마다 나는 앞장서서 선생님을 안내하는 역할을 맡았다. 같은 반 급우 중에 친구들의 집을 모두 알고 있는 유일한 학생이 나였던 것이다.

해방 직후라 살림살이가 어려울 때였다. 먹을 것이 없어 끼니를 거르는 아이들도 적지 않았다. 하지만 선생님과 함께 집을 찾아가면 어려운 걸음을 하신 선생님을 대접하기 위해 정성껏 음식을 준비해 내놓곤 했다. 제법 산다는 집에서는 탕수육 같은 중국요리를 시켜 대접하기도 했다. 당시만 해도 탕수육은 구경조차 하기 힘든 비싼 음식이었는데 나는 선생님 옆에 앉아 당당히 먹을 수 있었다. 가끔은 선생님을 모시고 오느라 고생했다며 용돈을 손에 쥐어 주는 어머니도 있었다. 설날에 아버지한테서도 받기 힘든 귀한 용돈이었다. 이래저래 가정방문은 나에게는 가장 신나는 연중행사일 수밖에 없었다.

"사랑하는 꿈나무들이여! 남들보다 더 많이 뛰고, 더 많이 보고, 더 많이 생각하고, 더 많은 정보를 얻으세요. 그러면 자연히 남들보다 앞서게 됩니다."

발전기를 만들 겁니다

내가 초등학교에 다닐 때 아버지는 범일동 자유시장에서 포목점을 운영하셨다. 하지만 성격이 곧고 강직하셔서 돈을 많이 벌지는 못하셨다. 끼니를 거를 정도로 집안 형편이 어렵지는 않았지만 7남매나 되는 자식들의 용돈을 일일이 챙겨줄 만큼 넉넉하지는 않았다. 때문에 나는 스스로 용돈도 벌어서 쓰고 세상 구경도 마음껏 하자는 생각에 신문배달을 하기 시작했다.

당시 내가 신문을 배달하는 곳은 철도 공작창이었다. 공작창이란 철도용품을 만들거나 고치는 일을 맡아 하는 곳을 말한다. 공장다운 공장이 없었던 그 시절 공작창은 커다란 철물 공장이나 다름없었다.

나는 공작창에 신문을 갖다 주러 갈 때마다 가능한 한 오랜 시간 머물렀다. 그곳은 나에게는 새로운 세계였다. 용접실, 목공실, 주물실, 선반실, 기계실 등을 돌아다니며 여러 가지 공작 기계들과 조립 과정을 유심히 관찰했고, 허기와도 같은 호기심을 하나하나 채워 나갔다. 지금도 마찬가지지만 새로운 것은 탐구의 대상이지 두려움의 대상은 아니었다.

기술자 아저씨들은 그런 나를 많이 예뻐하고 귀여워해 주었다. 초등학교 5학년 때는 그분들의 도움을 받아 발전기를 만들어 학생 발명대회에 출품해 대상을 받기도 했다. 기계나 장난감 등을 조립하는 것을 즐겼던 나는 자연히 발명에 큰 관심을 가지게 되었고, 차츰 백열등을 발명한 토머스 에디슨처럼 훌륭한 과학자가 되고 싶다는 꿈을 품게 되었다. 발전기를 만들 생각을 하게 된 것도 그 때문인 것 같다.

어두운 세상을 환하게 밝히는 전기를 내 힘으로 만들어낸다. 이 얼마나 근사한 일인가.

발전기의 기본원리를 발견한 사람은 영국의 화학 · 물리학자인 마이클 패러데이(Michael Faraday)와 미국의 공학자이자 발명가인 조지프 헨리(Joseph Henry)다. 그들은 단순히 코일에 자석을 넣었다 뺐다 해도 도선에 전류가 흐른다는 사실을 알아냈다. 그렇게 하면 건전지나 다른 전원 장치가 없어도 전구를 켤 수 있다. 자석을 고정시키고 코일을 움직여도 결과는 마찬가지다. 코일 주변의 자기장만 변화시키면 전기를 만들어낼 수 있는 것이다.

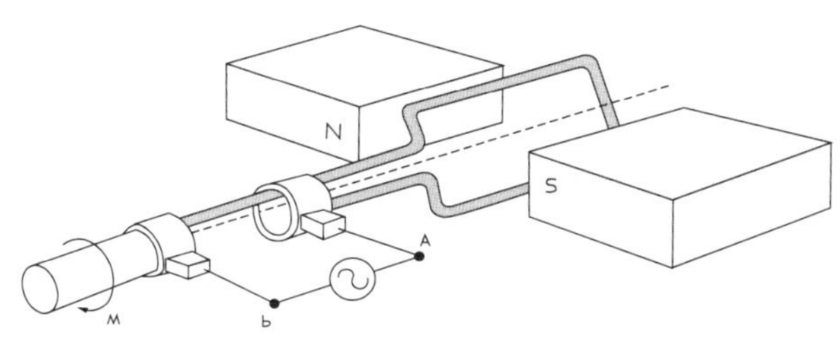

구리 코일이 든 고정자를 사이에 두고 극성이 서로 다른 12개의 자석을 지닌 두 개의 회전자가 회전을 하면 전기가 만들어진다.

나는 나름대로 설계도를 그려 전기실 아저씨를 찾아갔다. 전기 전문가였던 아저씨는 내가 그린 설계도를 유심히 살펴보더니 물었다.

"이건 발전기 아니냐?"

"네, 맞아요."

"발전기를 만들려고?"

"네. 발전기를 만들 거예요."

"그래?"

아저씨는 어린 나이에 발전기를 만들겠다고 찾아온 내가 기특했던지 껄껄껄 웃으며 이러저런 조언을 해주었다. 나는 아저씨의 도움으로 좀 더 탄탄해진 설계도를 들고 목공실에 가서 본을 떠 달라고 부탁했다. 선반실에 가서는 깎아 달라고 했고, 주물실에 가서는 주물을 넣어 달라고 했다. 전기실 아저씨는 코일을 감아 주었다. 그러자 초등학생이 만들었다고는 믿어지지 않는 근사한 발전기가 세상에 모습을 드러냈다. 발전기를 보신 담임선생님이 나를 붙잡고 정말 네가 만들었냐고 물어볼 정도였다. 학생발명대회 대상은 당연히 내 차지였다.

나는 그렇게 과학자가 되겠다는 꿈을 향해 첫걸음을 내디뎠다.

"사랑하는 청소년 여러분! 어른들의 말에 귀를 기울이고 필요할 때 도움을 청하세요. 그분들은 기꺼이 여러분의 친구가 되어줄 겁니다."

이상희에게 연필 받은 사람!

그해 여름 북한군이 38선을 넘어 쳐들어왔다. 피난민들은 남으로 남으로 내려왔고, 부산은 사람들로 넘쳐났다. 조용하기만 하던 우리 마을에도 사람들이 몰려들어 북적이기 시작했다. 우리가 다니던 학교는 피난민들의 임시 숙소가 되었다. 선생님들은 학교 밖 빈 공터에 천막을 치고 책상과 의자를 내놓고 수업을 하셨다.

나는 더운 여름날 시원한 바람을 맞으며 수업하는 것이 좋았다. 피난민들에게 교실을 빼앗겼다는 생각은 들지 않았다. 아직 철없는 소년이었던 나는 오히려 갑자기 찾아온 많은 사람들로 인해 마을 안이 온통 잔칫집 같다는 느낌을 받았다.

차츰 피난민 아이들이 우리들과 함께 공부를 하기 시작했다. 나는 그렇지 않아도 풀이 죽어 있는 그 아이들을 무시하거나 괴롭히는 친구가 있으면 나서서 막아주었다. 부유한 집 아이들의 연필을 빼앗아 나누어주기도 했다. 그 일 때문에 나는 담임선생님에게 많이 혼났다. 연필을 빼앗긴 아이들이 집에 돌아가 부모님에게 일러바쳤고, 부모님들은 또 담임선생님을 찾아와 자초지종을 말했던 것이다. 잔뜩 화가 나서 돌아오신 선생님은 대뜸 나를 불러 물으셨다.

"아이들 연필을 빼앗은 것이 사실이냐?"

"사실입니다."

선생님은 잘못을 뉘우치기는커녕 당당하게 대답하는 나를 보고 더욱 화가 났는지 종아리를 걷으라고 하셨다. 선생님의 무서운 매질이 시작되자 나에게 연필을 받은 아이들 모두 겁에 질려 고개를 숙였다.

잠시 후 선생님은 매질을 멈추고 아이들을 쳐다보았다.

"이상희에게 연필 받은 사람 손들어!"

고개 숙인 아이들이 주춤주춤 손을 들었다. 숫자를 세어 보니 빼앗은 개수와 딱 맞았다. 선생님은 손을 든 아이들을 한 명 한 명 쳐다보시고는 슬그머니 회초리를 교탁 위에 올려놓으셨다. 하나같이 가난한 집 자식들이고, 나는 하나도 가지지 않았다는 것을 아시고는 화를 푸신 것이다.

지금도 마찬가지만 나는 결코 내 방법이 옳았다는 생각은 하지 않는다. 부유한 집 아이들을 설득해 직접 연필을 나누어주게 했더라면 그 아이들은 베풂의 즐거움을 알았을 것이고, 연필을 받은 아이들은 나눔의 고마움을 알았을 것이다. 그 즐거움과 고마움이 이 세상을 좀 더 따뜻하게 만드는 힘이 아닐까.

그 후 전쟁이 끝나자 피난민들은 고향으로 돌아가기 시작했다. 한동안 북적거리던 마을은 예전처럼 조용해졌고, 학교도 다시 우리들 차지가 되었다.

몹시 어려웠던 시절이었다. 연합군의 도움으로 북한군을 물리치기는 했지만 철도와 도로를 비롯한 남한의 주요 시설들이 대부분 파괴된 상태였다. 다시 복구하려면 많은 시간과 노력이 필요했다. 해방의 기쁨도 잠시 우리에게 크나큰 시련이 닥친 것이다.

하지만 나는 희망을 버리지 않았다. 초등학교를 졸업하고 동래중학교에 들어간 나는 축구를 좋아하는 아이들을 모아 팀을 만들기도 했고 집에 돌아오면 고장 난 시계를 고치거나 광석 라디오 등을 조립하며 보냈다. 과학이 우리에게 닥친 어려움을 극복할 수 있는 힘이 되어줄 거라고 믿었던 것이다.

사람은 각기 다른 개성을 지니고 태어나 그 개성에 따라 삶의 방향을 잡아 간다. 탐구심이랄까 모험심이 누구보다 강했던 나는 내가 만들었던 발전기처럼 어두운 세상을 환하게 밝히는 빛과 같은 과학자가 되고 싶었다.

미리 생각하고 움직여라

나는 학교 성적은 상위권이었지만 공부를 많이 하는 편은 아니었다. 수업 시간에 집중해서 듣는 것이 거의 전부였다. 다른 아이들이 참고서를 보며 공부할 때 주로 에디슨, 퀴리 부인 등 요즘 말하는 멘토의 대상이 되는 사람들의 전기를 읽었다.

하지만 형은 누구보다 열심히 공부했고, 또 뛰어나게 잘했다. 그 당시 중학교는 6년제였는데 5학년 때 혼자 미적분을 끝냈을 정도였다. 선생님들도 형의 질문을 받으면 좀처럼 대답하지 못하고 쩔쩔매셨다고 한다. 그러나 형은 지나치게 공부에 매달린 탓인지 위가 안 좋아져서 한동안 고생했다. 부모님들은 맏아들인 형의 몸이 갈수록 수척해지는 것을 보고 몹시 마음 아파 하셨다.

그러던 어느 날이었다. 그날도 형은 저녁을 먹는 둥 마는 둥 하고 자기 방 책상 앞에 앉았다. 걱정이 태산 같았던 아버지는 화가 나서 형에게 달려가셨다.

"네 몸을 봐라! 너는 우리 집안의 장손이야. 공부하는 것도 좋지만 몸 생각해서 쉬엄쉬엄 해야지!"

아버지는 형이 보고 있던 책을 빼앗아 마당에 내던져 버리셨다.

그런 형 때문인지 부모님은 나에게는 공부하라는 강요를 하신 적이 한 번도 없었다. 사실 학교 수업을 제대로 듣고 수업 시간마다 요점 정리를 잘 해두었다가 시험 전에 한두 번 훑어보는 것만으로도 성적이 잘 나와 부모님들은 나에 대한 걱정은 별로 하지 않으셨다.

나는 시험은 출제자와 수험자 간의 싸움이라고 생각한다. 다만 몸이 아니라 머리로 한다는 차이만 있을 뿐이다.

중학교에 다닐 때 학교 안에 소문이 날 정도로 크게 싸운 적이 두 번 있다. 한 번은 내가 이끌던 축구팀과 기차로 통학하는 아이들 사이에 사소한 일로 다툼이 벌어졌다. 나는 자칫하면 집단 싸움으로 번질 것 같아 기차 통학하는 그룹의 리더에게 단둘이 싸우자고 제안했다. 그 친구도 내 제안을 흔쾌히 받아들여 수업이 끝난 후 한적한 공터에서 싸움을 시작했다. 성격이나 신체 조건이 비슷했던 우리 둘의 싸움은 좀처럼 끝나지 않았다. 적어도 한 시간 이상은 계속되었던 것 같다. 마침내 그 친구는 가쁜 숨을 몰아쉬면서 이제 그만 하자며 물러섰다.

사실 싸움만큼 상대가 어디로 어떻게 들어올지, 내가 상대방의 어느 부분을 어떻게 공격해야 할지 등등을 신속하게 판단하고 행동해야 하는 것도 없다. 체력과 정신력이 비슷하다는 판단이 들면 자신의 몸 상태를 잘 살펴야 한다. 지치지 않도록 체력을 유지하며 상대방이 공격할 때는 받는 충격을 최소화하고 내가 공격할 때는 상대방에게 최대한의 타격을 입히는 것이 결국에는 이기는 길이다.

두 번째 싸움은 교내 역도부장이 무슨 말을 하나가 느닷없이 주먹으로 내 머리를 때린 것에서 비롯되었다. 축구팀 아이들이 보는 앞이었다. 얼굴이 불에 덴 것처럼 화끈거렸다. 명색이 축구팀 리더 아닌가. 체면이 서질 않았다. 역도부장은 이제 겨우 열여섯 살이었지만 담임선생님보다 더 덩치가 컸다. 그래도 나는 기죽지 않고 소리쳤다.

"건방지게 지금 누구 머리를 건드리는 거냐? 정식으로 한판 붙자."

역도부장은 의외의 반응에 깜짝 놀라 나를 쳐다보더니 피식 웃었다. 키가 자신의 턱밑에도 미치지 못하는 나를 만만하게 봤던 것이다.

나는 역도부장의 눈을 똑바로 쳐다보며 말했다.

"장소는 내가 정할 테니 시간은 네가 정해라."

역도부장은 흔쾌히 그러자고 했다.

"관전하는 사람은 이쪽 세 명, 그쪽 세 명으로 한다. 어때?"

"좋다. 수업 끝나고 교문 앞에서 보자."

어차피 싸움은 수업 끝나고 할 수밖에 없었다. 내 머릿속에는 이미 싸움 장소가 떠올라 있었다. 어릴 때부터 이 마을 저 마을, 구석구석 안 돌아다녀 본 곳이 없는 나였다. 어디에 무엇이 있는지 훤히 꿰고 있었다. 지도를 그리라면 그릴 수 있을 정도였다.

역도부장은 덩치가 크고 힘이 세서 한 번 잡히면 끝장이었다. 빠져나오기 힘들 뿐만 아니라 바닥에 내동댕이쳐질 위험이 있었다. 반면에 기계체조로 다져진 내 몸은 날렵하고 가벼웠다. 나는 그 점을 최대한 이용하기로 했다. 물이 많은 수렁 같은 곳에서 붙는다면 이길 자신이 있었던 것이다.

수업이 끝난 후 축구팀 아이들을 데리고 교문을 나서자 역도부장이 여유 만만한 얼굴로 나를 기다리고 있었다. 나는 그들을 이끌고 학교 근처 뒷산으로 올라갔다. 역도부장은 잠시 후면 땅바닥에 누울 놈이 당당하게 나오는 것이 가소로웠던 모양이었다. 계속 콧방귀를 끼며 내 뒤를 따라왔다.

나는 으슥한 곳으로 올라가 살짝 웅덩이가 진 진흙탕을 가리키며 말했다.

"저 안에 들어가서 싸우는 거다. 장소는 내가 정한다고 했으니 이의 없겠지?"

"물론이다."

순순히 고개를 끄덕인 유도부장이 먼저 그 안으로 들어갔다. 나는 내심 뛸 듯이 기뻤지만 내색하지 않고 천천히 걸어 들어갔다.

드디어 싸움이 시작되었다. 덩치가 큰 유도부장은 좀처럼 다리를 빼지 못했다. 힘을 주면 줄수록 바닥으로 가라앉았다. 반면에 몸이 가벼운 나는 비교적 자유롭게 움직일 수 있었다. 나는 이리저리 움직이며 막대기처럼 서 있는 유도부장을 신나게 두들겨주었다. 진흙탕에 발을 붙잡혀 움직이지 못하는 유도부장은 내내 얻어맞기만 했다. 때리다 지친 나는 이제 그만 하자고 했다.

유도부장은 분하고 억울했던지 밖으로 나오자마자 달려들었다. 축구팀 아이들이 재빨리 뛰어들어 유도부장을 말리지 않았다면 내 몸도 성치만은 않았을 것이다. 유도부장은 한참을 씩씩거리다 길게 한숨을 내쉬었다. 차츰 흥분이 가라앉는 것 같았다. 나는 그에게 다가가 악수를 청했다. 유도부장은 잠시 나를 노려보더니 어쩔 수 없다는 듯 내 손을 잡았다. 운동을 하는 친구라 마음이 넓었던 것이다. 그날 이후 유도부장과 나는 아주 친한 친구가 되었다.

나와 상대의 장단점을 정확히 파악하고 대책을 마련해 둔다면 백 번 싸워 백 번 이길 수 있다. 아니, 최소한 지지는 않는다. 시험 역시 마찬가지다. 수업 시간에 출제자인 선생님의 마음을 읽을 수 있다면 무슨 문제가 나올지 예상할 수 있고, 대비책을 세울 수 있다. 문제를 알고 있는데 정답을 맞히지 못한다는 건 있을 수 없는 일이다. 내가 살아오면서 중요한 시험을 치를 때마다 높은 점수를 받을 수 있었던 이유가 바로 여기 있다.

"사랑하는 미래의 국가대표 선수들이여! 시험과 경쟁은 한 번으로 끝나는 것이 아닙니다. 살아가는 동안 끊임없이 되풀이됩니다. 학교 시험이라는 연습 과정을 통해 미래를 내다보는 능력, 추리할 수 있는 능력을 키웁시다."

시련은 신념으로 맞서라

나는 중학교를 졸업하고 고등학교에 들어간 후에도 아이들과 어울려 축구를 즐겼고, 턱없이 모자라는 기자재였지만 과학 선생님의 도움을 받아 여러 가지 실험을 하며 어린 시절의 꿈을 키워 나갔다. 하루하루가 마치 여행을 떠나는 것처럼 즐거웠고, 흥미로웠다.

내 옆에는 마음을 터놓을 수 있는 친구들도 여럿 있었다. 생각이 비슷했던 우리들은 미래에 대한 꿈과 희망을 이야기하며 밤을 새운 적도 많았다. 그때 나는 상상조차 못 하고 있었다. 내 삶에 있어 가장 어두운 그늘이 점차 나를 향해 다가오고 있다는 사실을.

고등학교 2학년이 끝나갈 무렵이었다. 나는 그날도 쉬는 시간에 운동장에서 친구들과 함께 축구를 하고 있었다. 구름 한 점 없는 맑은 날씨였다. 나는 공을 몰고 상대편 골문을 향해 달려가다 갑자기 피를 토하며 쓰러지고 말았다. 젊음과 체력만 믿고 무리하게 몸을 움직이다 끝내 병을 얻은 것이었다. 그 무렵 나는 학교에 있을 때는 운동과 과학 실험에 몰두했었고, 수업이 끝나면 삼촌이 경영하는 섬유회사에 나가 삶은 실을 짜는 일을 했었다.

얼핏 정신이 들어 눈을 뜨고 주위를 둘러보았다. 나는 병원 침대에 누워 있었다. 친구들이 쓰러진 나를 업고 병원으로 달려온 것 같았다. 내 옆에는 연락을 받고 온 부모님이 걱정스러운 얼굴로 서 계셨다. 병명은 폐결핵과 늑막염. 의사는 결핵으로 인해 폐를 둘러싸고 있는 막에 염증까지 생겼다고 말해 주었다. 당시만 해도 폐결핵은 걸리면 죽음에 이르는 무서운 질환으로 알려져 있었다. 그런데 늑막염까지 함께 오다니. 처음으로 깊은 절망감이 느껴졌다.

며칠 후 퇴원해서 통원치료를 받기 시작했다. 나에게 들어가는 병원비가 만만치 않았기 때문이다. 집에 돌아온 나는 거의 방 안에만 누워 지냈다. 몸이 아파 돌아다닐 수 없게 되자 가슴이 터질 것처럼 답답해졌다. 아침에 일어나 창문 밖으로 아이들이 학교에 가는 모습을 보고 있으면 답답함은 더욱 심해졌다.

학교에 갈 수 없는 나는 이제 학생이 아니었다. 좋아하는 축구도, 과학 실험도 더 이상 할 수 없었다. 그늘 진 곳 없이 밝게 만들고 싶어 했던 세상의 어두운 구석에 혼자 떨어져 있는 나. 왜 나에게 이런 일이 생긴 것일까. 하늘이 원망스러웠다. 건강을 지나치게 믿었던 내가 원망스러웠다.

지긋지긋한 병과의 싸움은 좀처럼 끝나지 않았다. 내 시간들은 마치 시체처럼 썩어 들어가고 있었다. 앞으로 어떻게 살아가야 하나. 살 수는 있는 것일까. 이토록 고통스러운 시간들을 견딜 바에야 차라리 죽는 편이 더 낫지 않을까.

학교 수업이 끝나면 친한 친구들이 찾아와 이러저런 이야기를 들려주며 위로를 해주었지만 위안을 받는 건 그 순간뿐이었다. 친구들이 돌아가고 난 뒤에는 더 큰 외로움과 공허감에 시달렸다.

그렇게 1년이 지났다. 함께 고등학교를 다녔던 친구들은 이제 대학생이 되었다. 나는 서울에서 대학교에 다니는 친구들이 방학이 되어 내려와 병문안을 왔다 갈 때면 한없는 좌절감을 느꼈다. 건강하게 돌아가는 친구들의 뒷모습이 몹시 부러웠다. 신입생 환영회, 축제, 동아리 활동, 여학생들과의 미팅. 그들은 인생에 있어서 가장 찬란한 시기를 활기차게 보내고 있었다. 내가 있어야 할 곳은 어두운 방 안이 아니라 밝은 햇살이 비치는 대학 캠퍼스라는 생각이 끊임없이 나를 괴롭혔다.

다시 1년, 또다시 1년이 지나자 친구들의 발걸음이 끊겼다. 대부분 군에 입대해 병문안을 온다는 것이 쉽지 않았을 것이다. 방 안에만 누워 지낸 지도 벌써 3년 반이 가까워 오고 있었다.

나는 자리를 박차고 일어섰다. 이제 겨우 스물두 살. 병이 낫지 않는다고 원망과 절망만 되풀이하기에는 너무나 아까운 나이였다. 방문을 열고 밖으로 나가 부산대학교를 향해 걸어갔다. 내 나이 또래의 건강한 젊은이들을 보며 자극을 받고 싶었던 것일까. 한참을 돌아다니던 나는 잠시 쉬기 위해 근처에 있는 서점에 들어갔다. 그러나 갑자기 많은 책을 보자 욕심이 생겼다.

나는 이것저것 뒤지다 『투병일기』라는 책을 손에 쥐고 펼쳐 보았다. 병원에서 암 선고를 받은 한 가정의 가장이 아직 젊은 처와 어린 자식을 위해 병마와 싸우는 내용이었다. 그는 아내를 생각하며, 아이들을 생각하며 지독한 치료를 이겨내고 마침내 건강을 되찾았다.

그 치열한 투병일지를 읽고 나는 내 몸에 병이 든 것이 아니라 정신에 병이 들었다는 것을 깨달았다. 나에게 가장 큰 적인 폐결핵이나 늑막염이 아니었다. 마음속에 도사리고 있는 좌절감, 병에 대한 두려움이었다.

나는 좌절감과 두려움을 떨쳐버리고 그 자리에 병이 나을 수 있다는 신념을 심어 나갔다. 아픈 몸을 이끌고 다시 운동을 하기 시작했고, 음식도 가리지 않고 열심히 먹었다. 나약한 마음을 버리자 힘과 용기가 솟아올랐다. 나는 당당하게 보이지 않는 적과 맞서 싸웠다. 3년 반 동안 줄기차게 나를 괴롭히던 병마는 차츰 물러나기 시작했다. 병세는 갈수록 호전되어 갔고, 6개월 후에는 기적적으로 몸이 나았다.

나는 이 일을 통해 정신과 육체가 하나로 합쳐질 때 무한한 능력을 발휘한다는 사실을 깨달았다. 그리고 어떤 어려움이 닥쳐도 헤쳐 나갈 수 있다는 자신감을 선물로 얻었다.

"사랑하는 꼬마 전사들이여! 잊지 마십시오. 젊은 시절의 시련은 우리의 몸과 정신에 큰 보약이 된다는 것을."

미래를 향한 도전

건강을 되찾은 나는 검정고시를 준비하기 시작했다. 그러나 3년 넘게 병과 싸우느라 지친 아들을 딱하게 여긴 아버지는 나를 불러 말씀하셨다.

"너는 객지에 나가 하숙도 하지 못할 몸이니 삼류 고등학교 졸업장이라도 하나 얻어주마."

당시만 해도 삼류 고등학교 졸업장은 돈만 주면 쉽게 구할 수 있었다. 하지만 나는 아버지의 고마운 제안을 거절하고 검정고시를 보겠다는 뜻을 분명히 했다. 아버지는 자신감 넘치는 내 모습을 보고 좋도록 하라며 한 걸음 물러나셨다.

나는 그 해 치른 검정고시에서 전국 수석을 차지했다. 확실히 시험에 관해서는 남다른 재주가 있었던 모양이다. 검정고시위원회는 전국 수석을 차지한 나를 서울대학교에 장학생으로 추천해 주었다. 그러나 아버지는 몸도 성치 않으니 부산에 있는 대학교에 진학하라고 권하셨다. 여전히 내가 걱정스러우셨던 것이다. 하지만 어머니의 생각은 달랐다. 서울대학교도 장학금을 받으며 다닐 수 있는데 굳이 부산에 남을 필요는 없다는 것이었다. 다만 어머니는 내가 가고자 했던 공대가 아니라 약대에 들어가길 원하셨다. 어머니는 병이 다시 도질까 봐 염려스러웠는지 농담처럼 말씀하셨다.

"상희야, 너는 약대에 들어가 평생 약이나 먹고 살아라."

나는 순순히 어머니의 말씀을 받아들였다. 호되게 병을 앓고 난 후여서 아픈 사람의 몸을 낫게 하는 신약을 만드는 것도 뜻 깊은 일이라는 생각이 들었던 것이다. 영국의 의학자 에드워드 제너(Edward Jenne)는 천연두를 예방하는 백신을 개발해 수백만 명을 천연두라는 무서운 병으로부터 구하지 않았는가.

나는 이듬해 2월 스물다섯 해를 살았던 부산을 떠나 어머니와 함께 서울로 올라왔다. 어머니는 학교 근처에 하숙을 얻어주고 곧바로 내려가셨다.

나는 고등학교 때와는 달리 무섭게 공부에 매달렸다. 병으로 흘려보낸 3년 반이라는 시간을 따라잡기 위해서는 남들보다 몇 배의 노력을 기울일 필요가 있었던 것이다. 덕분에 대학에 들어와 박사학위를 받을 때까지 등록금을 낸 일이 단 한 번도 없다. 본의 아니게 국가와 사회에 많은 빚(?)을 지었다. 앞으로도 계속 갚아 나갈 생각이다.

대학 2학년을 마칠 때쯤에는 문교부가 주관하는 해외유학자격 시험에 합격했지만 부모님이 강하게 반대하셔서 유학을 떠나지는 못했다. 몸도 약한데 멀리 미국에까지 가서 공부할 이유가 어디 있느냐는 것이었다.

나는 하는 수 없이 대학을 졸업하고 약대 학장님의 특별추천으로 동아제약에 입사했다. 그리고 직장에 다니면서 대학원 시험을 봤다. 전공은 약물학이었다. 대학원에 처음 생긴 학과였고 두 명만 뽑아 경쟁이 몹시 치열했다. 석 · 박사 과정을 무사히 마치고 학위를 받으면 제1회 졸업생이기 때문에 자연스럽게 학교에 남을 수 있었던 것이다. 교수들 중에서도 3분의 1정도만 박사학위를 갖고 있던 때였다. 당연히 박사 과정은 까다롭고 힘들었다.

나는 또다시 치열한 경쟁을 뚫고 대학원 시험에 합격했다. 그러나 직장 생활을 하며 대학원에 다녀야 했던 나는 공부만 하는 사람보다 몇 배의 노력을 더 기울여야 했다. 공부를 계속해야겠다는 생각에 들어간 연구실이었지만 회사 내에서는 중요한 부서였던 것이다.

그뿐만이 아니었다. 걸림돌은 곳곳에 있었다. 일본의 도쿄대학교를 졸업하신 김 교수님이 내게 직장에 다니면서 할 만큼 만만한 공부가 아니라며 대학원을 그만두라고 하신 것이다. 오기가 생긴 나는 교수님 강의를 신청해 교재를 달달달 외웠다. 집중해서 수업을 듣고 강의실에서는 물론 수시로 교수실을 찾아가 질문을 퍼부었다. 교수님은 내 정성이 갸륵했는지, 이 정도면 충분히 대학원 과정을 마칠 수 있다는 판단이 드셨는지 나를 불러 말씀하셨다.

"자네한테 졌네. 직장에 다니면서 공부해도 좋으니 더 이상 교수실을 찾아와 귀찮게 하지 말게."

마침내 승낙을 얻어낸 나는 재빨리 고맙다고 인사한 후 교수실을 나왔다.

직장 내에서도 내가 대학원에 다니는 것을 못마땅해 하는 사람이 많았다. 입사시험도 치르지 않고 회사에 들어와 선배들을 제치고 승진에 승진을 거듭하는 것도 모자라 대학원까지 다니는 것을 좋게 볼 사람이 어디 있겠는가. 내가 무사히 석·박사 과정을 밟을 수 있었던 것은 창업주인 강중희 회장님 덕분이었다. 나를 각별히 아끼셨던 회장님은 밤을 새워 공부하고 회사 일도 열심히 하는 욕심 많은 젊은이를 적극 보호하셨던 것이다.

나는 회장님의 후원에 힘입어 1973년 2월 항암제 개발에 대한 연구 논문으로 서울대학교에서 약학박사 학위를 받았다. 그리고 이 논문으로 그해 대한약학회에서 주는 최우수논문상을 탔다. 대한약학회는 해마다 전국의 약대 교수들과 박사 과정에 있는 대학원생이 제출한 논문을 모아 심사를 했는데 대학원생이 최우수논문상을 받은 것은 전례가 없는 일이었다.

우리나라에서 연구를 하고 논문을 썼다면 최우수논문상을 받기는 힘들었을 것이다. 대학원 졸업에 필요한 학점을 이수한 나는 논문 준비 기간에 맞춰 일본으로 연수를 떠났다. 전경련이 일본 통상성의 의뢰를 받아 실시한 연수생 선발시험에 합격한 것이다. 당시 일본은 우리나라의 기술자들을 의료보험 혜택은 물론 먹고 자는 경비 일체를 대주며 자국의 기업에서 연수를 시켰다. 개발도상국의 기업 엘리트들을 불러다 친일 성향의 사람들을 만드는 작업을 하는 것이었다.

나는 일본 후지사와 약품의 중앙연구소와 분석기를 주로 쓰는 야나이모토 제작소(에스코모토 그라피)에 연수를 신청해 그곳에서 연구와 실험을 하며 박사학위 논문을 썼다. 당시 내가 연구한 것은 항암제였다. 대학 4학년 때에도 항암제에 대한 논문을 쓰려고 했었지만 적외선 분석기 등 실험 기자재와 시약들이 턱없이 부족해 제대로 하지 못했던 나는 일본 연수의 기회를 최대한 활용했다. 일본의 정책은 불순할지 몰라도 연구소에 있는 연구원들의 마음은 순수해서 조니 워커 블랙을 사주며 박사학위 논문을 쓸 거라고 부탁하면 실험 기자재와 원료, 시약 등을 마음껏 사용할 수 있도록 해주었다. 덕분에 6개월 동안 일본에 있으면서 원 없이 실험을 할 수 있었고, 박사학위 논문을 완성해 한국으로 돌아올 수 있었다.

내가 최우수논문상을 받은 것은 어찌 보면 당연한 일이었다. 항암제에 대한 신물질을 2개만 개발해도 박사학위 논문을 받던 시절에 무려 53개의 신물질을 만들었던 것이다.

약대 원로 교수들은 쟁쟁한 교수들을 물리치고 최우수논문상을 받은 나를 불러 소감을 물었다. 나는 소감보다는 항암제를 연구했으니 그와 관련된 아이디어를 이야기하겠다고 말했다. 잘못 대답하면 건방지다고 할 것 같았기 때문이었다.

"항생제가 무엇입니까? 세균을 배양하기 위해 미생물에게 먹이를 주고 그 미생물이 배설한 물질에서 뽑아낸 것이 세균을 억제하는 항생제 아닙니까? 우리 몸속에 있는 암 역시 세포입니다. 다만 정상 세포와는 다른 아주 고약한 세포일 뿐입니다. 따라서 암세포를 다스리는 물질은 사람의 배설물에서 찾아야 할 것입니다."

처음에는 내 말에 귀를 기울이지 않던 교수들이 깜짝 놀라 나를 쳐다보았다.

"자네 발상이 참 특이하군. 한번 예를 들어 설명해 보게."

한 교수가 물었다. 나는 잠시 호흡을 가다듬고 입을 열었다.

"아시다시피 최근 일본의 미야자와 박사가 항암제인 블레오마이신을 개발했습니다. 그것은 미생물의 배설 물질을 PH나 프로세스를 달리해서 걸러내는 방법으로 얻은 것입니다. 인간의 똥오줌을 미생물 발효법으로 처리하고 블레오마이신 생산 공정을 거친다면 암세포를 다스리는 물질을 얻을 수 있을 것입니다."

그러자 그분이 무릎을 탁 치며 말했다.

"이 박사는 앞으로 노벨상을 받을 수 있는 사람이야."

박사학위를 받은 나는 대학 강단에 설 수 있었지만 고심 끝에 교수직을 포기했다. 곧 정보화사회가 올 것이라는 판단이 섰기 때문이다.

나는 동아제약에 근무하면서 약학 공부를 열심히 한 덕분에 약에 대한 세계 각국의 연구 현황과 특허의 흐름을 한눈에 볼 수 있게 되었고, 자연히 그 흐름에 관심을 갖게 되었다. 지구 전체가 거대한 두뇌싸움의 장으로 보인 것이다.

그러나 우리나라는 두뇌싸움에서 소외되어 있었다. 어떤 기술이 어디에서 나와 어디로 어떻게 이동하는지 체계적으로 연구할 필요가 있었다. 법률 공부를 해서 변리사 자격증을 따야겠다고 마음먹은 것도 그 때문이었다. 변리사 자격증을 따면 이공계통의 기술과 법률 지식을 양손에 쥐고 전 세계를 돌아다니며 재미있게 잘 살 수 있을 것 같았던 것이다

그렇게, 미래를 향한 도전은 계속되었다.

"사랑하는 꿈나무들이여! 미래에 대한 꿈을 가지고 있습니까? 그렇다면 꿈을 이루기 위해 도전하는 과정에서 여러분의 창의력은 무럭무럭 자라날 것입니다."

무대를 세계로 옮겨라

교수직을 외면하고 변리사 시험을 보겠다고 나서자 주위 사람들은 의아한 눈으로 나를 쳐다보았다. 쉬운 길을 놔두고 일부러 어려운 길을 찾아가는 내가 그들 눈에는 엉뚱하다 못해 바보처럼 보였을 것이다.

변리사가 무슨 일을 하는지도 모르는 사람이 대부분인 시절이었다. 어떤 사람은 병아리 감별사냐고 묻기도 했다. 당시 병아리 감별사들이 취업 비자를 받아 중동으로 많이 나갔기 때문이었다. 사실 지금도 변리사와 변리사의 업무에 대해 정확히 알고 있는 사람은 많지 않다. 막연히 법률을 다루는 변호사나 법무사와 비슷한 일을 하지 않을까 추측할 뿐이다. 변리사는 특허, 의장, 실용신안, 상표, 각종 신지식 재산권 등에 관한 신청, 소송 등을 대신 처리해 주는 전문가를 말한다.

"공부는 또 무슨 공부. 늦게 배운 도둑질 날 새는지 모른다더니 박사 과정 끝냈으면 됐지 법 공부는 왜 하려는 거냐!"

나는 형에게 불려가 꾸지람을 들었다. 직장에 다니며 어렵게 공부해 박사학위를 받은 나였다. 같은 대학 법대를 마친 형은 장래가 보장되어 있는 교수직을 포기하고 180도 방향을 바꿔 쉽지도 않은 법 공부를 하겠다고 나서는 내가 못마땅했을 것이다.

나는 변리사 시험을 보려는 이유를 솔직히 털어놓았다.

"형님, 저는 제약회사에서 연구개발 담당자로 있으면서 업무상 관련 정부 부처에 자주 드나들었고, 자연히 정부의 생리를 알게 되었습니다. 또 특허와 관련하여 지구촌 구석구석을 돌아다니며 지적재산에 대한 거래를 성사시키는 과정에서 기업과 국가의 경영과 국제기술의 관계에 대해 보다 깊이 생각하게 되었습니다. 저는 머지않은 미래에 세계 각국이 지적재산권을 놓고 다투는 시대가 반드시 올 거라고 봅니다. 우리나라에서도 누군가는 그에 대한 대비를 해야 하지 않겠습니까?"

형은 한동안 말없이 나를 쳐다보았다. 그러더니 고개를 끄덕이며 힘든 공부이니만큼 한 번에 합격하라고 격려해 주었다.

형의 격려는 내게 큰 힘이 되어주었다. 나는 다음 날부터 책을 준비해 학원에 다니기 시작했다. 당시 종로의 대성학원 같은 곳은 퇴근 후에 승진시험 공부를 하러 오는 공무원들이 많았는데 지금과는 달리 시설이 형편없어서 한여름에도 커다란 선풍기 하나만 틀어놓아 강의실 안은 마치 찜통 같았다. 나는 그래도 매일 저녁 학원에 나가 행정법, 헌법 등의 강의를 들었다.

변리사 시험에 합격한다는 것이 낙타가 바늘구멍에 들어가는 것보다 더 어려웠던 때였다. 특허청 심사관을 지내면 퇴직 후 자동으로 변리사가 되었지만 국가고시를 통해서는 1년에 한두 명밖에 뽑지 않았다. 주무 부서인 총무처는 법률에 시험제도가 정해져 있어서 할 수 없이 시행한다는 입장이었다. 시험을 치지 않고 소리 소문 없이 슬쩍 넘어가는 해도 있었다.

반드시 자격증을 따야겠다는 결심이 굳게 서 있었던 나는 입술이 터지는 줄도 모르고 공부에 매달렸다. 내 평생 가장 열심히 공부했던 때가 아니었나 싶다. 다른 수험생들에 비해 나이가 많아 내년, 내후년 미루면서 쉬엄쉬엄 공부할 수 있는 처지가 아니었던 것이다. 형 말대로 한 번에 끝내야 했다.

나는 학원에 나가 공부하는 한편 출제자가 누구인지 알아보았다. 출제자는 시험 볼 때까지 호텔 같은 곳에 감금되어 있기 때문에 어느 정도 예상할 수 있었다. 이리저리 알아본 결과 내가 시험

보는 해에는 부장판사와 특허청 심판부장이 출제자가 될 가능성이 컸다.

나는 부장판사가 최근에 가장 고심해서 내린 판결이 무엇인지, 그것과 관련해서 출제할 수 있는 문제로는 어떤 것들이 있는지, 특허청 심판부장의 주 전공은 무엇이며, 그동안 어떤 잣대를 가지고 특허심사를 했는지 등을 알아보았다. 심지어는 출제자가 기승전결식의 풀이 방법을 원하는지, 결론부터 내놓고 풀어가는 방법을 선호하는지에 대해서도 알아보았다.

나는 그런 식으로 특허권과 상표권, 의장권, 실용신안 관련 예상 출제 문제를 뽑았고 각 과목의 문제와 답을 A4 용지 한 장에 적어 방과 거실은 물론 화장실에까지 스카치테이프로 붙여놓았다. 공부할 시간이 많지 않아 언제 어디서든 볼 수 있도록 해놓은 것이다.

변리사 시험은 한 과목당 주관식 2문제가 출제되는데 합격하기 위해서는 두 문제 중 한 문제는 반드시 맞혀야 했다. 시험 시간은 80분. 답을 알고 있다 하더라도 시험장에서 모든 것을 해결하기에는 턱없이 부족한 시간이었다. 따라서 평소에 실전과 다름없는 연습을 많이 할수록 유리했다. 또한 모르는 문제가 나오더라도 당황하지 않고 자신의 의견과 소신을 밝힐 수 있는 의연한 자세가 필요했다.

내 예상은 놀랍게도 70% 이상 맞아떨어졌다. 특허권과 상표권 문제는 모두 예상했던 것에서 나왔고 나머지 두 과목에서는 각각 1 문제씩 나왔다. 덕분에 나는 1973년 11월에 치러진 변리사 시험에 당당히 합격했다. 합격자는 나 혼자뿐이었다. 당시 나는 역대 최고 점수를 받았는데 이 기록은 아직까지 깨지지 않고 있다. 채점을 맡았던 분이 내가 적어낸 답안을 보고 "고시만 아니었다면 만점을 주고 싶었다."고 털어놓았을 정도였다.

변리사 시험에 합격한 뒤에는 미 국무성 장학금으로 조지타운 대학교 로스쿨에서 특허법을 공부할 수 있는 기회가 주어졌다. 나는 1975년 회사 경영진을 설득해 미국으로 유학을 떠났고, 다음 해인 1976년 미국 특허청 심사관 과정에 들어갔다. 이공계 출신으로서는 한국에서 내가 처음이었지만 일본에서 온 기술자들은 8명이나 되었다. 그들에게 물어본 결과 미츠비시, 도시바, 소니 등의 기업체들이 훨씬 이전부터 직원을 보내 교육을 받도록 하고 있다는 것을 알 수 있었다. 그들 중에는 연수를 신청한 지 5년 만에 온 사람도 있었다. 그들 모두 선배들이 공부했던 자료로 예습을 마친 상태였다. 그것도 부족하다고 느꼈는지 공부가 시작되기 6개월 전에 미리 와서 수업과 관련된 업무를 하는 법률사무소에 들어가 실무를 익혔다.

일본인들이 미국의 특허법을 공부하고 연구한 이유는 무엇일까. 그것은 바로 미국의 특허 심사 과정에 대처하는 능력을 키우기 위해서였다. 일본은 미국과의 무역에서 엄청난 흑자를 내고 있다. 미국에 특허를 출원해서 허가를 얻어내는 순위를 보면 1위부터 6위까지가 일본의 기업이었다. 그들은 미국 시장 내에 지적재산권이라는 교두보를 여기저기 설치해 두고 이를 발판으로 대미 무역에서 흑자를 내고 있는 것이다.

나는 스스로 아이디어를 내가며 주어진 시간을 최대한 활용해 치열하게 공부했고, 덕분에 미국 특허청 심사관 과정을 무사히 마칠 수 있었다. 지구라는 거대한 두뇌싸움의 전쟁터에서 기술, 즉 특허가 어디로 어떻게 이동하고 그것에 필요한 문제가 무엇인가를 국제적인 시각에서 연구하고자 했던 바람이 이루어지는 순간이었다.

미국 유학 당시 나는 여름방학을 이용해 42일간 미국 전역을 여행했다. 신라의 화랑도가 금강산이나 지리산 등 명승지를 찾아다니며 땅의 정기를 받고 호연지기를 길러 삼국을 통일하는 데 결정적인 역할을 했듯이 미국을 이기기 위해서는 미국의 정기를 충분히 받을 필요가 있다는 생각을 했던 것이다.

나는 학장을 찾아가 부탁했다.

"미국이라는 나라를 좀 더 알기 위해 여름방학 동안 여행을 하고 싶습니다. 하지만 경비가 턱없이 부족해 각 지역 상공회의소에 호스트를 구해 달라는 편지를 보낼 생각입니다. 저에 대한 추천서를 써주실 수 있겠습니까?"

그러자 학장은 흔쾌히 추천서를 써주었다. 나는 즉시 각 지역 상공회의소에 학장 추천서를 동봉한 편지를 보냈고, 호스트를 구해 주겠다는 답장을 받자마자 280달러 정도 하는 42일간의 그레이하운드 승차권을 끊었다. 화랑도가 말을 타고 전국을 돌아다녔다면 나는 그레이하운드를 타고 미국 전역을 돌아다녔던 것이다. 그때 나와 함께 간 사람이 김경한 현 법무부 장관이다.

우리는 플로리다 남부를 거쳐 서부로, 라스베이거스로 이동했다. 숙박비가 아까워 밤새 그레이하운드 타고 갔는데 버스가 멈춰 설 때면 슈퍼마켓에 들러 당근과 땅콩버터, 빵과 콜라 등을 사서 끼니를 때웠다. 상공회의소가 호스트를 마련해 준 지역은 아무리 외진 시골이라도 미국인 부부가 마중 나와 있었다. 그들은 우리에게 숙소를 제공하고 파티를 열어주었다. 그러나 간담회를 할 때면 마치 청문회를 하는 것처럼 많은 질문을 던져 당혹스러웠던 기억이 난다.

42일간의 여행을 통해 나는 참으로 많은 것을 배웠다. 미국 유학을 준비하고 있거나 이미 유학 생활을 하고 있는 젊은이들에게 부탁하고 싶은 말이 있다. 어떻게든 시간을 내서 신라의 화랑도들이 그랬듯이 배낭을 둘러매고 여행을 하라는 것이다. 공부도 중요하지만 그보다 더 중요한 것은 여행이다. 나는 여행을 하면서 미국 교포들은 어떻게 살아가고 있는지 직접 보았고, 미국 각 지역의 문화적 특성과 지방 유지들의 사고방식에 대해 알게 되었다. 미국의 본질에 보다 더 가까이 접근했고, 미국 지도층을 다루는 방법도 어느 정도 터득하게 되었다.

나는 미 국무성으로부터 1년에 7300달러의 장학금을 받았지만 수시로 아이디어를 내서 1년에 1만 5000달러까지 받아냈다. 실제로 독립기념일 즈음해서 한 출판사가 지적재산권에 관련된 20권의 문집이 출간한 적이 있는데 나는 미 국무성에 한미 간의 협력 문제도 그렇고 책을 사야 유학을 온 목적이 달성되는 것 아니냐고 설명해 책값을 받아내기도 했다.

미국은 출신지나 신분에 상관없이 반짝이는 아이디어와 투지만 있다면 꿈을 이룰 수 있는 기회의 나라다. 따라서 유학생들은 각 지역을 직접 보고 느끼며 미국인들과 많은 대화를 나눌 필요가 있다. 상대방을 제대로 알아야 기회를 잡을 수 있고, 기회가 찾아왔을 때 놓치지 않을 수 있기 때문이다. 그런 의미에서 여행은 미국을 들여다볼 수 있는 아주 좋은 방법이다.

나는 42일간의 여행을 마친 후에도 연휴 때 어느 주에서 세미나가 열린다는 정보가 들어오면 미 국무성에 신청해 세미나에 참석했다. 경비는 미 국무성에서 대주었는데 왕복 비행기 요금과 호텔비 등을 내고 남은 돈으로 세미나가 끝난 후에 근처 지역을 여행할 수 있었다. 나는 렌터카 회사 앞에서 미국 젊은이들이 렌터카를 빌리러 오면 비용의 반을 부담할 테니 함께 다니자고 제의해 같이 차를 타고 다니면서 그들과 많은 대화를 나누었다. 숙소 문제도 그런 식으로 해결했다.

나는 이처럼 기회만 있으면 미 국무성으로부터 돈을 받아내고, 여러 지역을 여행하면서 미국의 젊은이들과 사귀었다. 그때 쌓은 경험과 지식은 훗날 국회 무역소위원회 위원장이 되어 미국 의회에서 수입규제법안이 통과되는 것을 막는 데 큰 도움이 되었다.

나는 미국 유학을 마치고 돌아오자마자 서울 상공회의소의 상담역을 맡았고, 그동안 쌓은 지식과 경험을 국내 상공업 활성화를 위해 활용하기 시작했다. 그러나 더 많은 것을 알고 싶어 하는 욕심은 어릴 때 그대로여서 1978년에는 서울대학교 최고경영자 과정과 행정대학원 발전정책 과정을 마쳤다.

그 무렵 내 삶은 예기치 못했던 커다란 변화를 향해 나아가고 있었다.

“사랑하는 청소년 여러분! 새로운 길을 열어 나가십시오. 세계는 지금 빠르게 변하고 있습니다. 오늘보다는 내일의 고속도로를 찾아 자신의 진로를 선택하십시오.”

꿈은 꿈꾸는 사람만이 가질 수 있다

1

2

1 항공우주 현장. 이곳에서는 주로 우주에서의 극한 상황을 실험한다.

2 우주의 꿈을 실어 나르는 각종 발사체들이 줄지어 서 있다.

3 한국 최초의 우주인 이소연과 함께한 우주소년단원들. 제2, 제3의 이소연은 이들 중에서 나오지 않을까.

4 우리 우주소년단원들이 우주에서 과학실험을 한 이소연 씨로부터 자세한 설명을 듣고 있다.

5 한국 SF영화를 개척한 〈디 워〉의 심형래 감독과 대화를 나누고 있다.

MEST

Part 02

과학한국을 위해 한 걸음씩 나아가다

세계 각국에서는 이미 오래전부터
나라 발전의 주요 수단의 하나로
영재교육을 실시해 왔다.
그러나 각국의 영재교육은
서로 다른 특성을 지니고 있다.
사람마다 얼굴이 다르고 손금이 다른 것처럼
고유의 문화에 따라 영재를 키우는 방법이
제각각 다른 것이다.

전문 정치인이 되어 과학의 길을 열다

내가 정계에 발을 디딘 것은 어쩌면 시대적인 요구였는지도 모른다. 사실 나는 정치하겠다는 생각을 해본 적은 단 한 번도 없었다. 앞에서도 말했듯이 어렸을 때의 꿈은 에디슨 같은 과학자가 되는 것이었다. 그 후 모진 병을 앓는 바람에 검정고시를 통해 약대에 들어갔지만 약학이야말로 기초과학, 응용과학을 모두 하는 종합과학이다. 법을 공부해 변리사 자격증을 딴 것은 우리들이 피와 땀을 흘리며 만들어낸 뛰어난 발명품과 약품 등의 특허권을 김치처럼 남의 나라에 빼앗기지 않고 지켜서 부가가치를 얻고 후손들에게 재산으로 물려주기 위해서였다.

그런 나를 정계로 불러들인 것은 민정당이었다. 제5공화국 출범 이후 전문직 의원이 필요하다는 사실을 절실히 느끼고 있던 민정당은 내가 정치에서 필요로 하는 복합전문성, 즉 기업 연구개발과 특허법률 분야는 물론 경영과 행정 등에도 전문성을 지니고 있다고 판단한 것 같았다.

누구보다 호기심이 많고, 새로운 일에 뛰어드는 것을 좋아하고 즐겼던 나였다. 민정당 측의 제의를 거절할 이유는 전혀 없었다. 오히려 기다렸다는 듯 흔쾌히 받아들였다. 정치를 통해 과학기술의 중요성을 국민들에게 인식시키고, 우리 사회를 보다 나은 방향으로 이끌어 나가고 싶은 욕심(?)이 생긴 것이다. 그것은 누군가는 반드시 해야 할 일이었다. 39세에 소아마비에 걸린 프랭클린 루스벨트 전 미국 대통령은 불편한 몸을 이끌고 미국 역사상 가장 험난했던 시기를 헤쳐 나왔다. 나 역시 폐결핵과 늑막염이라는 지독한 병마와 싸워 이겼던 경험이 있었다. 그리고 대학에 들어가 박사학위를 받을 때까지 나랏돈으로 공부하지 않았는가. 이제는 그에 대한 보답을 해야 할 때가 왔다는 생각이 들었다. 루스벨트 대통령처럼 숨을 거두는 그날까지 내가 태어난 이 나라를 위해 최선을 다하리라 마음먹었다.

민정당 전국구로 제11대 국회의원이 된 나는 의회에 들어가자마자 보사위 간사, 경제과학위 간사 등을 맡아 '공부하고 연구하는 의원'의 모습이란 어떤 것인지 보여주었다. 그 후 내 자신이 발의하여 해양오염방지법을 개정(1981년)하고 유전공학육성법을 제정(1983년)하는 등 기존의 의원들과는 사뭇 다른 모습을 보여 사람들의 주목을 받게 되었다.

유전공학이란 사람에게 유용한 유전자를 합성하거나 생물체로부터 분리 또는 재조립한 후 대장균, 효모 등 하등생물에 주입시켜 그 유전자의 최종 산물을 경제성 있게 대량생산할 수 있도록 하는 것으로 다양한 산업 분야에서 응용할 수 있다. 특히 식량 생산을 늘리고, 대체에너지를 개발하고, 질병을 물리치고, 환경을 개선할 수 있는 기술로 '금세기 최후의 산업기술'이라 불린다.

1982년 당시 선진국들은 이러한 점을 인식하고 유전공학기술개발을 국책사업으로 정해 치열한 경쟁을 벌이고 있었다. 내가 유전공학육성법을 발의한 것은 그들과 어깨를 나란히 하기 위해서는 국가 차원에서 두뇌집약적이며 에너지가 적게 들고, 부가가치는 높은 반면 공해는 적은 유전공학을 육성할 필요가 있다는 사실을 절실히 느꼈기 때문이었다.

유전공학이 발전할 수 있는 법적인 토대가 마련되자 1985년 2월 한국과학기술원 안에 생물공학 전 분야의 연구개발 및 지원업무를 담당하는 유전공학센터가 설립되었고, 문교부는 대학 부설 유전공학연구소를 법제화시키는 한편 연구비를 지급하기 시작했다.

우리나라의 유전공학 역사는 짧은 편이지만 발전 속도는 매우 빨랐다. 1986년 10월 제1회 국제유전공학심포지엄과 연구발표회를 시작으로 많은 학술대회가 개최되었고, 이를 통해 기술이 개발되고 보급되기 시작했다. 현재 유전공학기술은 농업, 화학, 식품공학에 응용되고 있을 뿐만 아니라 의약품 생산, 에너지 개발, 환경오염 방지, 유기물질 생산 등에 활발히 적용되고 있다.

유전공학육성법은 나에게는 또 다른 의미가 있다. 지금은 고인이 된 현대그룹 정주영 회장을 만나게 된 계기가 되었던 것이다. 당시 대학 측에는 학술협의회를 만들도록 하고 기업 측에는 연구조합을 만들도록 했는데 국내 14개사가 모여 설립한 한국유전공학연구조합 이사장으로 정주영 회장을 모셨다.

우리나라 경제계에는 세 사람의 기인이 있다. 바로 삼성의 이병철 회장과 현대의 정주영 회장, 그리고 대우의 김우중 회장이다. 이병철 회장이 아시아를 대표하는 일본 기업의 노하우를 받아들여 2등 자리를 굳건히 한 후 점차 일본을 따라잡겠다는 전략을 세웠다면 정주영 회장은 순수 토종의 창의력을 바탕으로 벤처정신을 가지고 기업을 해야겠다는 전략을 불도저처럼 밀어붙였다고 할 수 있다. 그리고 알다시피 김우중 회장은 기업 인수, 합병을 통한 글로벌 경영을 내세웠다.

그 후 나는 정주영 회장과 20년이 넘는 나이 차이에도 불구하고 마음을 터놓고 이야기할 수 있는 사이로 지냈다. 체구는 작지만 늘 거인처럼 당당했던 그분의 모습이 아직도 눈에 선하다. 나는 사람들과의 인연을 무엇보다 소중하게 생각한다. 사람 인(人) 자가 주는 교훈은 다른 누군가가 나의 어깨를 받쳐주기에 똑바로 서 있을 수 있다는 것이다. 우리 모두 믿음을 바탕으로 서로를 존중하고 아낄 때 세상 살아가는 맛도 나고 용기도 생기는 법이다. 한 사람의 국회의원이 순수하게 미래를 준비하는, 13개에 달하는 법을 만들었다는 것은 사실 기적에 가까운 일이다. 어찌 반대하는 세력이 없었고, 질시하는 사람들이 없었겠는가. 일례로 항공우주산업개발촉진법(1987년)을 만들 때는 특히 국방부의 반대가 심했다. 항공우주산업에 관한 모든 예산을 관련 산업을 키우는 쪽으로 집행하도록 했기 때문이었다. 그 수많은 반대와 질시를 물리치고 결국 입법화할 수 있었던 것은 국가 경쟁력을 확보하기 위해서는 반드시 필요한 법들이라는 대의명분도 컸지만 무엇보다 나를 믿고 도와준 사람들 덕분이라고 생각한다.

나는 12대 국회에서도 상공위무역소 위원장으로 활약하며 산업기술연구조합육성법(1986년), 해양개발기본법(1987년) 등을 제정했다. 활발한 입법 활동을 통해 내가 무엇을 하러 국회에 와 있는지 분명하게 보여준 것이다.

해양개발기본법을 만들 무렵에는 동원산업 김재철 회장 등 여러 사람들과 새벽에 만나 토론에 토론을 거듭했다. 우리나라는 삼면이 바다로 둘러싸여 있다. 육지 면적의 세 배 이상 되는 바다를 해양농토로 가꾸고, 해양자원의 보고로 활용하고, 해양에너지를 개발하면 식량 문제와 에너지 문제를 동시에 해결할 수 있다는 것이 우리들이 얻은 결론이었다. 지금에 와서 돌이켜 보면 정치를 했다기보다는 꿈을 가꾸는 일을 해온 것 같다. 나는 모든 정치도 그 철학은 과학적 사고에 바탕을 두고 있어야 한다고 믿었다. 정치 논리에 좌우된다면 진정한 의미의 과학기술정치라 할 수 없는 것이다.

1980년대만 하더라도 대부분의 사람들이 내 이름자처럼 '이상하고 희한하다.' 고 생각했던 이 법들은 20여 년이 지난 지금 빛을 발하고 있다. '하늘에는 항공우주산업, 땅에는 유전공학, 바다에는 해양개발' 을 육성해야 한다고 주장하며 만들었던 법들이 경제의 핵심이 되는 첨단산업의 씨앗이 된 것이다. 과학과 기술이 낯선 미래의 이야기인 듯 겉돌고 있을 때부터 나는 전문 정치인으로서 미래를 이야기하고 있었던 셈이다.

미래 지향적인 에너지정책이 필요하다

뜻이 통하는 좋은 사람과의 만남은 희망이라는 텃밭을 일구게 한다. 생명공학육성법을 제정할 때부터 시작되었던 정주영 회장과의 인연은 거기서 그치지 않고 대체에너지개발촉진법으로 이어졌다.

나는 생명공학을 육성시키기 위해서는 무엇보다 먼저 대체에너지를 개발해야 한다는 생각에 정주영 회장을 찾아갔다. 정주영 회장은 늘 그렇듯 반갑게 맞아주었다. 평소에도 정주영 회장은 나를 끔찍이 아껴주었다. 나의 자유로운 발상과 나라를 위해 헌신하는 자세를 높이 샀던 것이다.

나는 정주영 회장에게 다음과 같이 말했다.

"석유나 석탄은 수억 년 동안 비축되어 있던 태양에너지로부터 나오는 것입니다. 그러나 식물을 재배하면 그때그때 바이오에너지를 얻을 수 있습니다. 식물의 엽록소가 물과 탄산가스로 태양에너지를 광합성해서 만들어내는 것이 바로 바이오에너지이기 때문입니다. 식물의 기름은 바이오디젤을 만들고, 식물의 섬유소는 바이오알코올을 만듭니다. 앞으로 다가올 에너지 위기를 해결하기 위해서는 반드시 대체에너지를 개발해야 합니다."

정주영 회장은 머리 회전이 빠른 분이었다. 처음 듣는 이야기였을 텐데 내 말뜻을 이해하고는 선뜻 도와주겠다고 나섰다. 누구보다 행동력이 강했던 정주영 회장은 얼마 안 있어 서산 간척지에 내려가 대규모 농장을 만들었고, 약속했던 대로 대체에너지개발촉진법을 제정하는 데 큰 힘이 되어주었다.

하지만 세상에는 정주영 회장처럼 나를 믿고 지원해 주는 사람만 있는 것은 아니었다. 대다수 국민들이 대체에너지의 중요성을 모르고 있었고, 관심조차 두지 않았다. 그것은 나라를 이끌어 나가는 국회의원들도 마찬가지였다. 한심한 일이었지만 엄연한 현실이었다. 나는 서두른다고 해서 될 일이 아님을 알았다. 먼저 잠들어 있는 그들의 의식부터 일깨울 필요가 있었다.

나는 그 일을 위해 산학연 전문가위원회를 구성하고 공청회를 여는 등 10개월 이상 공을 들였다. 하지만 공청회 과정에서 정부는 행정으로 가능한 일을 굳이 법으로 제정할 필요가 있느냐며 지붕 위에 또 지붕을 만들려 한다고 비난했다. 답답한 일이 아닐 수 없었다.

나는 정부의 비난을 반박하기 위해 법안 제안 이유를 다음과 같이 명시했다.

> 태양에너지 · 바이오메스 · 해양에너지 등 대체에너지를 적극적으로 개발하여 이용할 수 있게 하면 우리의 생존과 번영에 필수불가결한 에너지 공급 문제를 해소할 수 있다. 장기적으로 국가가 발전할 수 있는 기틀을 세우기 위해서는 정부가 중심이 되어 효율적으로 대체에너지 기술개발을 추진할 수 있는 법적 근거를 마련해야 한다.

덧붙여 대체에너지의 종류를 '향후 기술개발에 의해 공급 확대 또는 공급 가능한 에너지로써 태양에너지 · 바이오메스 · 풍력 · 파력 · 태양에너지 · 폐기물에너지 · 연료전지 및 기타 기술개발이 가능한 에너지'로 정의했다.

당시 미국과 일본, 영국 정부는 '경제(Economy)', '에너지(Energy)', '환경(Environment)'을 하나로 묶는 '3E정책'을 세워 관련

법을 마련하기 위해 열을 올리고 있었다. 우리나라도 동력자원부를 통해 '3E'의 중요성을 인정하는 듯 보였다. 그러나 정부는 행정정책만 강조할 뿐 이를 지속적으로 뒷받침할 관련법을 제정하는 일은 모른 척하고 있었다.

실제로 정부의 에너지정책은 석유석탄 · 천연가스 · 원자력 등에 국한되어 있었다. 대체에너지에 대해서는 그다지 관심을 기울이지 않았다. 이웃나라 일본이 대체에너지 개발을 위한 '선샤인(Sunshine) 프로젝트', 에너지 절약을 위한 '문라이트(Moonlight) 프로젝트'를 수립하여 에너지 위기에 철저히 대비한 것과는 정반대였다. 지금도 연간 기준 대체에너지 연구개발비를 볼 때 미국이 한국에 비해 70배, 일본이 30배를 투자하고 있다.

대체에너지 개발은 투자 효과가 나타나기까지의 기간이 길고, 투자한다고 해서 모두 성공하는 것은 아니다. 오히려 실패할 위험이 매우 큰 편이다. 때문에 선진국은 행정정책으로 민간이 주도하여 연구하도록 하는 것이 어렵다고 판단, 관련법을 마련했다. 법으로 연구에 필요한 자금을 마련하고, 정부 주도하에 기술개발이 지속적으로 가능하게 한 것이다. 내가 의원 입법으로라도 우리나라에 관련법을 만들기로 마음먹은 것은 바로 이런 이유에서였다.

정성을 다하면 바늘로 바위도 뚫을 수 있다고 했던가. 마침내

1987년 10월 30일, 국회 제11차 본회의장에서 '대체에너지개발촉진법'이 통과되었다. 입법을 추진하는 동안 많은 비난과 반대에 부딪쳐야 했던 나에게는 뜻 깊은 날이 아닐 수 없었다.

하지만 못내 아쉬운 점도 있었다. 애초에 강제적 의무 사항이었던 장기기본계획과 각종 연구기관의 구체적 활용방안 등 정부가 성과를 내기 위해 주도적으로 노력해야 할 부분이 입법 과정에서 임의적 권장 사항으로 그 성격이 바뀐 것이다.

나는 지금이라도 늦지 않았다고 생각한다. 하루빨리 대체에너지개발촉진법을 개정해 국가 차원에서 강제적인 의무 사항과 연구실천계획과 연구개발비 투자 부분을 구체적으로 법에 명시할 필요가 있다. 정부가 현실 지향이 아니라 미래 지향적으로 에너지정책을 '대체'하는 것이 오늘날의 에너지 위기를 헤쳐 나갈 수 있는 유일한 길일 것이다.

"사랑하는 청소년 여러분! 끊임없이 도전하세요. 기름 값, 환경오염 등 앞으로 여러분이 짊어져야 할 짐은 무겁기만 합니다. 미래를 예측하는 능력을 길러 아무도 생각하지 않은 새로운 에너지를 연구하세요. 어깨의 짐이 가벼워질 겁니다."

국내와 국외는 일하는 방식이 달라야 한다

나는 대체에너지개발촉진법을 제정하기 전인 1986년에 상공위무역소 위원장을 맡았다. 누가 시켜서 한 것이 아니라 스스로 원해서 한 일이었다. 여기에는 그럴 만한 이유가 있었다.

당시 미국 의회는 한국에 대한 무역적자 해소방안을 논의하고 있었다. 특히 더몬드 미국 상원의원은 우리나라의 대미 수출이 급격히 늘어나자 특정 상품 수입규제법안을 도입하려 했고, 우리 국회도 이에 맞서 무역소위원회를 구성해 대응하기로 결정했다. 나라의 이익을 위해서는 미국 의회에서 규제법안이 통과되지 못하도록 막는 것이 무엇보다 절실한 과제였다. 내가 상공위무역소 위원장을 맡아야겠다고 결심했던 것도 그 때문이었다.

하지만 이재형 국회의장을 비롯해 당을 이끌어 가는 의원들은 나에 대해 부정적이었다. 당시 나는 과학기술 정치인으로 알려져 있던 터라 무역과는 아무런 상관이 없다는 편견을 가지고 있었던 것이다. 나는 이 의장을 직접 만나 설득하는 것이 빠르겠다는 생각에 그의 사무실을 찾아갔다. 이 의장은 비서를 불러 차를 가져오라고 했지만 그다지 나를 반기는 것 같지는 않았다.

나는 대뜸 이 의장에게 물었다.

"의장님! 무역소위원장 자리에 저보다 적임자라고 생각하시는 의원이 누구죠?"

이 의장은 말없이 나를 쳐다보았다.

"저는 기업에서 15년 이상 연구개발을 담당하며 선진국과 신제품, 신기술 도입을 위한 교섭을 해왔습니다. 과학기술 분야의 박사 학위는 물론 뒤늦게 법을 공부해 변리사 자격증도 땄습니다. 미국 조지타운대학교 로스쿨에서 공부하는 동안 미 의회 정치의 속사정에 대해서도 많이 들었고, 실제로 미국에 아는 정치인도 있습니다. 저보다 더 나은 적임자가 있다면 흔쾌히 물러나겠습니다."

그제야 이 의장은 고개를 끄덕이며 말했다.

"알겠습니다. 긍정적으로 검토해 보겠습니다."

이 의장의 사무실을 나온 나는 같은 이유를 들어 당 지도부 위원들을 설득해 나갔고, 결국 그들은 나를 소위원장에 임명하는 데

동의했다.

마침내 무역소위원회가 구성되어 소위원들은 김석환 미국 전문 변호사와 함께 미국 의회의 입법 과정을 공부하면서 대책을 논의했다. 그러나 문제가 있었다. 입법 당사자인 더몬드 위원장을 회기 중에 만나는 것 자체가 어렵다는 사실이었다. 주미 대사관과 외교부가 미 의회에 접촉을 시도했지만 미 의회는 우리가 방문하고자 하는 이유를 짐작하고 일부러 만남을 피했다.

미국 의회를 설득하는 것은 국회의장과 당 지도부를 설득하는 것과는 달랐다. 투지와 의지만으로 되는 일이 아니었다. 무엇보다 국제적인 감각과 지혜가 필요했다. 나는 미국인 변호사에게 정치 문제에 대한 의견을 구했고, 워싱턴 DC에 있는 정치인 친구를 찾아가 조언도 들었다.

그들의 의견을 정리해서 얻은 결론은 다음과 같았다.

첫째, 미국 의원의 지역구를 방문해 재정후원회장을 만난다.

둘째, 대부분의 후원회장이 사업가이니 한국 기업과 할 수 있는 관련 사업을 찾아 실질적인 도움을 준다.

셋째, 후원회장이 직접 해당 지역구 의원에게 연락해 워싱턴 DC에서 약속 장소와 시간을 잡도록 한다. 회기 중이더라도 지역구 의원은 후원회장의 부탁을 거절할 수 없을 것이다.

어떻게 보면 상식적이고 인간적인 내용이었지만 우리의 정치 현실과는 맞지 않아 쉽게 생각할 수 없었던 것이기도 했다.

나는 우선 후원회장이 한국 기업과 할 수 있는 사업을 찾기 위해 상공회의소, 무역진흥공사 등 관련 기관에 전화를 걸어 조사를 의뢰했다. 후원회장은 비록 한국의 의원이지만 바쁘기로 소문난 사람이 직접 찾아와 자신의 사업에 도움이 되는 정보를 주며 한국 기업과 사업을 할 수 있도록 도와주겠다고 하자 무척이나 고마워했다. 그는 우리의 바람대로 즉시 더몬드 의원에게 전화를 걸어 약속을 정했다. 덕분에 우리는 회기 중에 있는 더몬드 의원을 만날 수 있었다.

더몬드 의원은 함께한 자리에서 먼저 자신의 후원회장에게 도움을 준 것에 대해 감사드린다고 인사를 한 후 물었다.

"내가 무슨 일을 도와주길 원하십니까?"

"제가 형님이라고 불러도 되겠습니까?"

나는 대답 대신 질문을 던졌다. 그의 나이가 나보다 많았던 탓도 있지만 논리적으로 설득하는 것이 쉽지 않을 것 같았기 때문이다. 인간적으로, 아우로 다가서면 마음이 흔들릴지도 몰랐다.

"좋습니다. 당신을 아우로 생각하겠습니다."

더몬드 의원은 흔쾌히 대답했다.

"형님! 형님이 입법을 준비하고 있는 수입규제법이 통과되면 이 아우는 분명히 다음 선거에서 떨어집니다. 제 지역구의 관련 산업이 심각한 타격을 받으니까요."

더몬드 의원은 한동안 말없이 나를 쳐다보더니 물었다.

"아우를 위해 내가 할 수 있는 일이 무엇이오?"

나는 조심스럽게 대답했다.

"법안 자체를 포기하라고 요구하는 것은 저의 지나친 욕심일 겁니다. 입법을 한국의 총선 이후 회기로 넘길 수 없겠습니까?"

순간 더몬드 의원은 난감한 표정을 지었다. 그는 잠시 망설이다 다시 물었다.

"이 법안이 보류되면 아우가 다음 선거에 당선되는 것이 확실한가?"

"이 자리에서 100% 당선을 약속드리겠습니다."

나는 자신 있게 말하며 더몬드 의원의 손을 꼭 잡았다. 확고한 자세를 보이지 않으면 그의 마음이 변할지 몰랐기 때문이다. 마침내 더몬드 의원은 이번 회기에는 법안 자체를 보류하겠다고 약속했다.

사실 중요 법안을 제외한 일반 법안들은 대부분 회기를 넘기게 되면 슬그머니 폐기되는 것이 미국 입법부의 관례다. 아우를 위해 어려운 결단을 내린 더몬드 의원 덕분에 수입규제법안은 회기를 넘겼고, 결국 조용히 사라졌다.

나는 이 과정에서 많은 고민을 했다. 가장 크게 고민했던 점은 관련 산업의 미래에 대한 것인데 수입규제법의 직접적인 영향을 받을 뻔했던 신발산업이 대표적이다. 양에 의존하는 신발산업은 뒤에서는 개발도상국이 쫓아오고, 앞에서는 선진국이 막고 있는 상황이었다. 부산에 신발연구소를 세우도록 정부를 설득한 것도 그 때문이었다.

나는 부산에 있는 의대, 공대의 유능한 인재들이 신발 관련 연구에 참여하면 신발을 최첨단 의료용구로 만들 수 있을 거라고 생각했다. 해부학적 · 생리학적 진단 자료를 근거로 위장에 좋은 신발, 척추에 좋은 신발을 개발할 수 있을 것 같았다. 다시 말해 제각각 다른 소비자들의 몸 상태에 맞는 '맞춤 신발' 을 내놓는 것이다. 더군다나 양이 아니라 질적 경쟁으로 나가면 부가가치도 클 것이고 무역 장벽도 극복할 수 있지 않겠는가?

나는 또한 우리의 상표를 '88 서울올림픽' 이 성공적으로 치러지기를 기원한다는 의미에서 '88 서울' 로 정하는 것이 어떨까 하는 생각도 해보았다.

그렇게 수많은 고뇌와 발상을 거쳐 1987년 10월, 드디어 부산에 신발연구소가 들어섰다.

어느 국회의원의 눈물

지칠 줄 모르고 앞을 향해 달려가던 나에게도 좌절의 순간은 있었다. 1986년 12월의 일이었다. 야당인 신민당이 불참한 가운데 열린 국회 상공위 회의에서 특허법 개정안 통과를 혼자 반대하다 끝내 막지 못하고 회의장에서 눈물을 감추기 위해 애쓴 적이 있었다.

여당 단독으로 개최한 국회에서 일사천리로 원안 통과되어 버린 이 특허법 개정안을 반대했던 이유는 국내 기술개발과 기업 보호를 위한 장치가 미흡했기 때문이었다. 다음 날 조선일보는 이 일을 「어느 국회의원의 눈물」이라는 제목으로 기사화했다.

국회는 12일에도 신민당이 불참한 가운데 민정당과 국민당만으로 상임위 운영을 계속하면서 각종 법안을 대부분 원안 그대로 속속 통과시켰다. 법안 하나하나가 국민 생활, 특히 이해 당사자들에게는 지극히 중요한 내용이었다. 그러나 이를 심의하는 회의장 분위기는 덤덤할 뿐이었다. '단독 국회' 라는 점에서 애초부터 긴장감을 찾을 수 없었다고 할 수도 있다.

이 같은 분위기 속에서 특허법 개정안을 다룬 상공위에서는 이날 여당 의원이 이 개정안 원안 통과에 반대, 끝내는 눈물을 흘리는 '이변' 이 일어났다. 특허법 개정안은 한-미 간 무역 마찰의 주요한 요소가 되고 있는 '물질특허' 의 도입을 허용하는 것이 그 중요한 골자. 미 측의 강력한 주장으로 체결된 양국 간 통상 협정을 국내 입법 조치로 현실화하기 위한 것이다. 이 개정안이 상정되자마자 민정당의 이상희 의원은 첫 발언권을 얻어 법안의 문제점을 조목조목 지적하기 시작했다.

"특허 허용 기간이 명목상 공고일로부터 15년으로 되어 있으나 특허청 심사 기간 등을 활용하면 출원일로부터 30년까지로 악용될 소지도 있다. 대부분의 국가가 특허권 향유 기간을 10년 정도로 하고 있지 않은가…."

"국제간의 특허기간회복제도는 전 세계에서 미국만이 실시하고 있다. 우리가 이를 인정할 필요가 어디 있는가?"

"외국인 특허권자가 국내에 특허를 내고 불성실하게 실시할 경우에 대비할 수 있는 보완책이 필요하다."

이 의원의 주장은 계속됐다. "일본이 세계 김치 수출의 70%를 점유하고 있는 웃지 못할 사례"까지 들어가며 "우리가 왜 선진국에 쓸데없는 선심까지 써야 하는가."라고 묻는 이 의원의 발언은 질문이라기보다는 차라리 호소로 들렸다.

정부 측은 "이미 양국 정부 간에 약속한 것이라 어쩔 수 없다." "그 같은 보완 조치는 실익이 없다."는 내용의 답변으로 일관했다. 이미 엎질러진 물이라는 이야기다. 정부 측은 "시간이 없는 만큼 시행령에서 보완하겠다."는 약속으로 넘어가려 하기도 했다. 그러나 이 의원은 "정부가 모법(母法)에도 규정할 수 없게 몰아붙이는데 정부 혼자 만드는 시행령에 어떻게 맡길 수 있겠는가."라며 물러서지 않으려 했다.

이 의원이 고군분투하는 동안 다른 여당 의원들은 내용이 복잡한 탓인지 사안이 미묘해서인지 한두 명만 동조하는 모습을 보였다. 국민당과 무소속 의원들이 "여당 의원이 저토록 반대할 정도니 무슨 문제가 있는 게 아닌가." 하며 끼어들기도 했다. 김두종 의원장 대리와 정부 측이 절충하는 동안 이 의원은 혼잣말처럼 "나중에 역사가 알 것이다." "이럴 때 신민당은 왜 안 나왔나." 하고 한탄까지 했다.

속개된 회의에서 대세가 원안 통과 쪽으로 기울자 이 의원이 마지막 발언을 신청하려 했지만 동료 의원들이 "참아요." "뭐, 그냥 넘어가지."라고 말리고 나섰다. 1시간 20분 동안의 공방이 원안 가결로 낙찰되는 순간 안경을 벗었다 썼다 하던 이 의원의 손이 눈가를 훔쳐냈다. 눈물이었다. 그러나 그것은 요즘 국회가 보여주지 못한 신선한 눈물이었다.

〈1986년 12월 13일 조선일보 '기자수첩'〉

"사랑하는 영재들이여! 나라의 이익을 위한 싸움은 힘보다는 머리로 해야 합니다. 멀리 내다보고 미리 막을 수 있는 지혜가 필요합니다."

잘못된 정책이 나라를 망친다

나는 20여 년 전에 벌어진 이 사건 속에 현재 우리의 정지 현실과 의정 현실이 그대로 드러나 있다고 생각한다. 이제 우리는 이런 슬픈 현실을 극복해야 살아갈 수 있는 시점에 이르렀다. 극복하지 못하면 강대국들의 법적, 경제적 공세에 휘말려 우리들이 가지고 있는 것을 모두 내줄 수밖에 없다.

1986년 12월, 국회가 열리기 전에 경제기획원의 유능한 간부들이 나를 찾아왔다. 그들은 민정당 정책위원으로 있는 나에게 이미 미국과 합의를 했으니 협조해 달라고 말했다. 나는 어이가 없어 그들에게 따져 물었다.

"미국의 법 논리로도 하지 못할 일을 도대체 왜 한 겁니까?"

"그렇게 할 수밖에 없었습니다."

그들은 단지 그 말만 할 뿐이었다. 가슴이 답답했다. 힘들게 공부해서 변리사 자격증을 따고, 미국의 조지타운대학교 로스쿨에서 공부하고 미국 특허청 심의관 과정까지 마친 나조차 이 부분에 대해선 전문가라는 자신을 가지지 못하고 있었는데 경제기획원 간부들은 자신들이 전문가라고 생각하는 듯했다.

나는 정부와 여당이라는 미묘한 관계 때문에 경제기획원 간부들에게는 더 이상 이의를 제기하지 않았다. 그러나 관련된 정보와 자료를 모아 여당은 물론 야당 의원들에게까지 물고 늘어져야 한다고 부탁하고 다녔다. 내가 그렇게까지 했는데도 제1야당인 신민당은 정치 문제에 얽매여 국회에 들어오지 않았다. 여당이 단독 처리할 수밖에 없는 상황이 된 것이다.

나는 당정 협의회가 모두 끝난 상태였지만 혼자 반대하고 나섰다. 당론이 잘못되었으면 잘못된 점을 분명히 밝히고 싸워서라도 바로잡아야 한다는 것이 내 소신이었다. 그러나 나 혼자만의 힘으로는 역부족이었다.

그 일이 신문에 보도된 후 당에서는 해당 행위를 한 이상희를 징계 대상으로 삼아야 한다는 의견이 거세게 일었다. 기가 막힐 노릇이었다. 그나마 정치 원로 몇 분이 나서서 나를 두둔해 간신히 징계는 면할 수 있었다.

내가 우려한 대로 특허법 개정안 때문에 여러 나라가 노골적으로 불만을 드러냈다. 나는 법안이 가결된 후 상공부 장관과 함께 유럽을 순방했는데 가는 곳마다 그 문제를 언급하며 항의를 해왔다. 미국에게는 소급해서까지 물질특허를 인정해 주면서 자신들은 왜 인정해 주지 않느냐는 것이었다. 우리는 어쩔 수 없이 그들에게도 미국과 똑같은 조건으로 실행하겠다는 약속을 해야만 했다. 그러자 이번에는 일본이 들고일어섰다.

그동안 일본과는 특허에 관한 교류가 활발하게 이루어지고 있었던 터라 일본 특허청 관계자들은 국제회의에 참석한 한국 특허청 관계자들을 극진하게 대접하곤 했었다. 하지만 특허법 개정안이 가결된 후부터는 태도가 바뀌어 계속 그 문제를 물고 늘어졌다. 자기들이 개최하는 회의에는 우리 측 사람들을 부르지 않았고, 마지못해 초청하더라도 전혀 협조하지 않았다. 결국 우리는 일본에게도 백기를 들 수밖에 없었다.

그러나 이로 인해 우리나라의 실물경제가 얼마나 큰 타격을 입었는지 계산하는 사람은 거의 없었다. 정책을 잘못 세우면 나라에 엄청난 손해를 입히지만 정작 정책을 세운 당사자는 아무런 책임도 지지 않는 것이 우리의 현실이다. 정책의 입안과 가결에도 실명제를 도입해 책임 소재를 분명히 해야 다시는 이런 일이 되풀이되지 않을 것이다.

미국은 물질특허를 가지고 밀어붙이던 그때부터 오늘에 이르기까지 공세를 늦추지 않고 있고, 일본은 지적재산권 분야를 더욱 더 강화해 나가고 있다. 더 많은 투자를 하고 더 유능한 인재를 보강하고 있는 것이다. 그들은 왜 그런 일들을 계속해 나가고 있는 것일까. 이제는 우리 모두 그 이유와 의미를 명확하게 알아야 한다.

"사랑하는 미래의 국가 주역들이여! 첫 단추를 잘못 채우면 나머지 단추들도 줄줄이 잘못 채워질 수밖에 없습니다. 국제사회에서도 마찬가지입니다. 결과를 미리 생각하면서 신중하게 첫 단추를 채워야 합니다."

과학기술부의 기틀을 세우다

나는 신발산업이 막 날갯짓을 하던 1987년, 13대 선거에서 낙선하고 말았다. 더몬드 의원에게 한 약속을 지키지 못한 것이다. 지금은 이 세상에 없는 그분에게 미안할 따름이다.

부산진 갑구에서 지구당 위원장으로 선거에 나선 나는 '아름답고 풍요로운 녹색삶 정치'라는 캐치프레이즈를 내걸었지만 야당 지도자인 김영삼 총재가 몰고 온 거센 민주화 태풍에 밀리고 말았다. 실질적인 의원 활동이 정치 바람 앞에서는 무력하다는 것이 입증된 셈이다. 부산의 지역 구민들이 선택한 사람은 야당 후보였다. 그나마 힘없이 쓰러진 여당 후보들 중에서 가장 많은 지지표를 얻었다는 것이 위안을 주었다.

하지만 나는 1988년 12월, 국회의원 못지않게 중요한 일을 맡았다. 그동안 전문 정치인으로서 과학기술의 발전을 위해 노력해 온 점을 인정받아 과학기술처 장관으로 임명된 것이다. 당시 내 마음속에 과연 어려운 시기에 어려운 일을 맡아 잘해 낼 수 있을까, 하는 두려움은 없었다. 오히려 정치가 아닌 현실의 마당에서 꿈을 펼칠 수 있는 더없이 좋은 기회라고 여겼다.

나는 장관으로 부임하자마자 과기처의 위상부터 바로 세웠다. '법제처가 법으로 모든 부서를 뒷받침하는 곳이라면 과기처는 과학기술로 모든 부처를 뒷받침하는 곳' 이라는 정의를 내린 것이다. 농업을 비롯한 여러 분야의 생산성을 높이기 위해서는 반드시 그에 맞는 과학기술이 필요했다.

나는 거대과학, 기초과학은 과기처가 하고 나머지는 관련 부처가 하도록 했다. 기초과학과 관련해서는 기초연구진흥법을 제정하고 거대과학과 관련해서는 해양개발기본법과 항공우주산업개발촉진법을 바탕으로 해양연구소와 항공우주연구소를 세웠다. 현 과학기술부의 기틀을 만든 것이다. 그리고 빠르게 변화하고 있는 국내외의 환경에 발맞추기 위해 1989년을 기초과학 진흥의 원년으로 선포했다. 우리나라 경제는 1970년대에 눈부신 성장을 이룩했다. 그때 전 세계를 깜짝 놀라게 했던 한강의 기적을 다시 이루어내기 위해서는 무엇보다 기초과학 연구능력을 키워야 했다.

하지만 우리의 기초과학 연구능력은 너무나 취약했고, 따라서 앞으로 한국경제에 위기가 닥치리라는 것은 분명한 사실이었다. 생각할수록 절박하고 절실한 심정이 되었다. 세상이 바뀌면 그에 따라 모든 것이 바뀌어야 한다. 추운 겨울이 오고 있는데 여름을 만난 것처럼 반팔 옷을 입고 있다가는 감기 몸살에 걸리기 십상이다.

당시 우리의 과학기술은 상세 설계 · 가공 · 조립 · 제작 과정 등 생산기술과 주변기술은 선진국 수준을 거의 뒤쫓아 가고 있었지만 기본설계 · 소재 · 시스템 · 소프트웨어 등 핵심기술은 선진국에 비해 크게 뒤떨어져 있는 것으로 평가되고 있었다.

또한 국제적으로 봤을 때 미국에서조차도 사회 각계에서 국가경쟁력이 떨어지고 있다는 문제가 심각하게 제기되고 있는 상황이었다. 미국 의회는 이 문제를 개선하기 위해 1988년 4월 지적소유권과 기타 기술을 보호하는 '종합무역법' 을 통과시켰다. 따라서 이제까지 해온 값싼 기술 도입방식으로는 새로운 하이테크산업을 일으킬 수 없게 되었다. 특히 지속적으로 경제를 발전시키려면 수출을 늘려야만 하는데 이를 위해 '물질특허제도' 를 인정하고 받아들이는 등 연구개발(R&D)제도를 정비하지 않을 수 없었다.

나는 먼저 우리나라가 대한민국 주식회사라면 대한민국에 있는 대학은 중앙연구소이고, 기업은 생산영업 부서라는 정의를 내리고 일부 대학과 산업계의 협조를 얻어 '기초연구 활성화 기본계획'을 마련해 나갔다. 그 주요 내용은 우수한 연구 인력을 양성하여 필요한 기업에서 일하도록 하는 체계를 만들고, 원천기술을 개발할 수 있는 기반을 마련하도록 대학의 연구 활동을 적극 지원하는 것이었다. 선진국의 기술보호주의 장벽을 넘어서기 위해서는 반드시 필요한 일이었기 때문이다.

대학의 연구비 규모가 터무니없이 작아 대학교수 1인당 1년 동안의 연구비가 500만~700만 원에 지나지 않을 때였다. 연구 시설도 형편없어서 전자현미경을 갖춘 대학의 연구실이 몇 군데밖에 없었다. 선진국과 비교하면 고등학교 정도의 시설조차 갖추고 있지 못한 것이다. 그런데도 밤 10시만 되면 대학 행정당국에서 모든 연구실의 불을 끄는 등 지금으로써는 상상하기 어려운 상황이 이어졌다.

이와 같은 열악한 환경을 개선하고 대학이 기초과학을 연구하고 고급 연구 인력을 길러낼 수 있도록 제도적으로 뒷받침하기 위해서는 교육부를 설득해 공동으로 기초과학육성법을 제정하는 것이 급선무였다.

그러나 기초과학 연구만이 중요하냐는 반대 의견이 만만치 않았다. 정부와 대부분의 기업은 물론 일부 대학 당국조차 기초과학 연구의 중요성을 잘 모르고 있었고, 관련 부서의 도움 없이 과학기술처 단독으로 계획을 진행해 나가기도 힘든 상황이었다. 대학은 교육부 소속이지 과기처 소속이 아니었던 것이다. 더군다나 당장 성과가 눈앞에 나타나는 것이 아니어서 현실적으로 국민들로부터 법 제정에 대한 공감대를 이끌어내는 일 또한 쉽지 않았다.

사실 그동안 국회나 학계에서 기초과학을 지원하고 육성하는 법을 제정해야 한다는 의견이 여러 차례 나왔지만 받아들여지지 않았다. 나는 그 이유를 면밀하게 분석해 입법을 위한 전략을 세웠다.

첫째, 법 명칭을 '기초과학육성법'에서 '기초과학연구진흥법'으로 바꿔 지원 대상을 모든 대학의 기초연구 분야로 확대한다. 그러면 자연대 교수는 물론이고 공대 · 농대 · 의대 및 경상대 등 모든 단과대학 교수들의 지지를 받을 수 있을 것이다.

둘째, 대학의 기초연구를 보편과 평등의 원칙이 아니라 특성화와 탁월성을 중심으로 지원하는 방안을 마련한다. 이를 통해 연구 예산을 선택과 집중에 의해 효율적으로 운용할 수 있도록 한다.

이렇게 기본전략을 세웠지만 추진하는 과정에서 수많은 어려움에 부딪쳤다. 서울에 있는 대학과 지방대학, 국립대학과 사립대학, 자연대학과 공과대학 간의 갈등은 여야가 대립하는 한국의 정치판과 크게 다를 바 없었던 것이다.

나는 전국의 주요 대학을 방문해 선진국의 기술보호주의, 선진국 대학의 개혁 방향 등을 설명하고 국가 경쟁력은 대학의 기초과학 연구 경쟁력에 달려 있다는 점을 강조했다. 그러나 일부 대학은 연구보다는 부족한 교수와 교육시설에 대한 지원을 우선적으로 요청했다.

또 대학 교육과 연구 지원에 있어서도 경쟁 원칙을 적용하면 연구에 대한 전문 지식이 없는 공무원이 대학의 교육과 연구를 동시에 망칠 수 있다는 항의가 거세게 일었다. 일부 교육부 소속 공무원들은 대학에 대한 연구 지원은 교육부가 주도해야지 과학기술처에서 할 일이 아니라고 말했다.

그 와중에 당시 서울대 대학원장이었던 고 장세희 교수, 서울대 이계준 교수, 과학기술처 경종철 국장 등이 중심이 되어 기초연구교수협의회가 구성되었다. 협의회는 과학기술처로부터 5000만원을 지원받아 전국을 돌면서 수많은 토론과 협의를 거쳤다.

어두운 터널을 지나면 눈부신 햇살이 쏟아지는 세상과 만나기 마련이었다. 처음에는 교수들 간에 의견이 대립되었지만 점차 과기처가 원하는 안이 나왔고, 마침내 '기초과학연구진흥법(안)' 이 마련되었다. 나는 그 안을 들고 직접 교육부 장관을 찾아가 설득했다.

법안은 국무회의와 국회 경제과학위원회에서는 별문제 없이 통과됐다. 그러나 법사위원회는 기초과학 연구가 현실성이 있는지,

용어가 적절한지 등에 대해 의문을 제시하며 교육부 장차관이 법사위원회에 직접 나와 법안에 동의한다는 의사를 밝힐 것을 요구했다. 또 일부 법사위원은 과학기술계의 저명한 교수 몇 분에게 연락해 법안을 지지하는지의 여부를 물어보기도 했다. 그때 나는 한국사회가 법 만능사회, 비전문가가 전문가를 관리하는 사회라는 것을 절실히 느꼈다. 이러한 어려움 속에서 과학기술처 차관 및 실장 · 국장 · 과장 등이 마치 군사작전을 수행하는 것처럼 일사불란하게 일을 진행해 나갔다.

특히 이계준 교수, 성송철 국장, 실무책임자인 박영일 전 과기부 차관 등의 열정은 대단했다. 덕분에 1989년 12월 30일, 과학기술처와 교육부가 공동으로 기초과학연구진흥법을 제정하여 공포할 수 있게 되었다.

그 후 약 18년이라는 세월이 흘렀다. 그동안 전국의 대학에서 과학연구센터(SRC) 45개, 공학연구센터(ERC) 59개 등 104개의 우수연구센터가 선정되었고 총 8340억 원을 지원받아 상당한 연구 시설을 확보했다. 그중 과학연구센터 17개와 공학연구센터 20개가 9년간의 사업 지원 기간을 거쳐 독립했고, 현재 63개의 센터가 활발한 연구 활동을 벌이고 있다. 대학의 연구비와 교수 1인당 연구비도 크게 늘었으며 아직 과학 분야에서 노벨상 수상자를 배출하지는 못했지만 세계적인 석학으로 평가받는 과학자들이 나타나기 시작했다.

지금은 뛰어난 과학기술자 한 사람이 10만 명을 먹여 살릴 수 있는 시대다. 나는 대학의 연구센터들이 미래의 국가산업을 이끌어 가는 중요한 역할을 할 것이라 믿는다.

훗날 언론은 나에 대해 다음과 같은 기사를 실었다.

> 그는 과학기술처 장관으로 재임하는 동안 '과기처의 틀을 바꾸고 비로소 방향을 명확하게 설정했다.' 는 평을 듣는다. 구체적으로 기초과학 진흥 원년을 선포하고 기초과학 진흥에 필요한 법을 제정토록 했으며 전국을 기술 도시화하기 위한 '전국 테크노벨트 건설계획' 을 주도했다. 이 계획은 오늘날 전국 광역권 개발계획의 기초가 되었다. 또한 그는 대학교수의 연구를 활성화하기 위한 제도적 장치를 마련하고 우수연구센터제도를 정착시켰다.
>
> 〈1995년 11월 월간 조선〉

"사랑하는 미래의 과학 주인공들이여! 연구두뇌 경쟁력이 곧 국가 경쟁력입니다. 우리 스스로 연구두뇌 생산성을 높이기 위해 노력합시다."

열정은 식지 않아야 한다

나는 장관 임기를 마친 후 1993년에 각 부처에서 과장급들이 파견 나와 구성된 국가과학기술자문회의의 위원장을 맡게 되었다. 다가올 21세기는 과학기술의 시대라는 것을 인지한 문민정부가 과학기술을 아는 정치인이자 행정인으로서의 내 능력을 높이 산 것이다.

자문회의는 정기적으로 한 달에 한 번 대통령을 만나 회의를 했다. 그때 나는 위원장임에도 불구하고 직접 발표하지 않고 해당 문제를 주관한 위원들이 돌아가며 발표하게 했다. 위원들에게 동기를 부여하고 책임감을 높이는 한편 대통령이 주의 깊게 들을 수 있도록 배려한 것이다. 필요한 경우에는 외부 인사도 데리고 들어갔다.

정주영 회장이 대통령 선거에서 떨어져 정치적으로 현대그룹이 위축되어 있을 무렵에는 계동에 있는 현대그룹 본사에서 자문회의를 열기도 했다. 그때 "대통령이 싫어할 텐데 굳이 현대그룹 본사에서 회의할 필요가 있느냐."는 말들이 많았지만 현대그룹의 기를 살려줘야겠다는 생각에 배짱 좋게 밀고 나갔다. 선거는 선거, 정치는 정치, 경제는 경제였다. 같은 선상에 놓고 볼 일이 아니었던 것이다.

세종기술상 심사를 맡았을 때는 현대자동차 기술연구소에 기술상을 수여하도록 유도했다. 당시 카이스트 교수와 서울대 교수가 후보로 올라왔었는데 이공계 출신 인재들이 들어가 일할 수 있는 조직이나 단체에 줘야 한다고 심사위원들을 설득했던 것이다. 그렇게 되면 기술연구소 연구원들과 학계의 학자들이 공동으로 연구도 할 수 있고, 위축되어 있는 현대에게 힘을 줄 수 있었다. 하지만 관계 부처에 보고한 후 한참이 지났는데도 아무런 소식이 없었다. 담당자가 호되게 야단을 맞을까봐 두려워 대통령에게 결재를 올리지 않고 있었던 것이다. 그 사실을 안 나는 직접 청와대로 결재서류를 들고 들어가 대통령으로부터 재가를 받아냈다. 그것은 나를 아끼던 정주영 회장과의 개인적인 친분 때문에 한 일이 아니었다. 우리 경제의 한 기둥인 현대가 힘없이 무너지는 모습을 가만히 앉아서 볼 수만은 없어서 소신 있게 밀어붙인 것이다.

광주에 과학기술원을 세운 것도 자문회의 위원장으로 일하던 때의 일이다. 하루는 김영삼 대통령이 나를 불러 광주민주화운동으로 불편해진 민심을 어떻게 다스리면 좋겠느냐고 물었다. 나는 심각하게 생각하는 척하다 대답했다.

“프랑스의 드골 대통령이 사용했던 정책을 도입하면 어떻겠습니까?”

“드골 대통령의 정책?”

김 대통령은 궁금하다는 듯 나를 쳐다보았다. 나는 대통령의 관심을 끌어들이기 위해 슬쩍 핑계를 댔다.

“죄송합니다만 아직 국가자문위원회에서 공식적으로 거론되지 않은 사항이라 언급하기가 어렵습니다. 잘못 말씀드렸다가는 제 입장만 난처해질 수 있어서….”

그러자 대통령은 자신을 놀린다고 생각했는지 짜증을 냈다.

“이 사람이 말을 꺼내 놓고는. 어서 계속해 보게.”

“…그럼 말씀드리겠습니다. 예전에 프랑스 내각이 무너진 것은 구속과 장애에서 벗어나려는 민주화 세력이 하루가 멀다 하고 거리로 나와 시위를 벌였기 때문입니다. 그때 드골 대통령은 해양 개발, 항공우주 개발, 원자력 개발을 국정 3대 목표로 삼아 구속과 장애를 거부하는 정치에너지를 개척하고 창조하는 생산적인 에너지로 바꾸어주었습니다. 정치적 에너지, 과거 지향적인 에너지가 창조적인 에너지, 미래 지향적인 에너지로 바뀌자 정치는 안정을 찾았고 세계적인 원자력 기술도 개발하게 된 것입니다. 그런 의미에서 시대의 아픔을 간직하고 있는 광주의 과거 지향적인 정치에너지를 미래 지향적인 창조에너지로 바꿔주면 어떻겠습니까? 농업지역이라는 특성을 살려 광주에 바이오와 관계된 세계적인 교육시설과 연구소를 만드는 것입니다."

"그거 좋은 생각이군!"

대통령은 내 의견을 받아들여 자문회의도 거치지 않은 채 광주에 과학기술원을 설립하라는 지시를 내렸다. 지역감정이 극에 달해 있던 당시로서는 매우 파격적인 일이었다.

내가 위원장을 맡았던 제2기 국가과학기술자문회의가 대통령에게 보고한 주요 사항들을 정리해 보면 다음과 같다.

- 세계 경제 환경의 변화와 우리의 대응
- 스위스의 과학기술정책
- 산학연 협동연구 강화와 한·중 환경 협력

- 정보화사회의 국가발전전략
- 정보화사회의 구축방안
- 과학기술시대의 국가정책기조
- 국제화, 개방화에 대비한 지적재산권정책
- 국가 경쟁력 강화를 위한 교육개혁 방향
- UR에 대비한 국민 건강과 안전한 먹을거리정책
- 21세기의 비전 국가 초고속정보 기반 구축과 기초과학 연구 진흥방안
- 첨단영상산업 진흥방안, WTO체제하의 과학기술 및 환경정책 방향
- 국민 의료체계의 정보화 방향
- 간염, 간암대책과 신약개발정책
- 지구 환경보전과 국가경영계획을 위한 'Korea Agenda 21'
- 창의적 영재교육의 제도화
- APEC 연구공동체 구축과 한 · 호 과학기술협력방안, 기술력을 핵심으로 하는 중소기업 경쟁력 제고
- 국제공동연구의 활성화, 지방경영시대의 지방과학기술 혁신체제 구축
- 과학기술 전문인력의 활용촉진방안

이외에도 정책포럼 19회, 전문가회의 36회, 공개토론회 3회, 간담회 76회, 정례자문회의 134회 등을 열어 과학기술정책과 국가발전의 틀을 짜는 일을 해 나갔다.

자문 활동과 관련된 성과를 종합해 보면 다음과 같다.

첫째, 대통령이 국정 운영에 필요한 모든 주요 정책을 결정할 때 과학기술 요소가 강조되었고, 자문회의는 각계의 다양한 의견을 모아 전하는 매개 역할을 했다.

둘째, 관련 부처가 주요 정책이나 특정 사업을 추진하는 데 있어 종합성과 연계성을 갖도록 측면에서 지원하고, 비교적 객관적인 입장에서 관련 정책의 대안을 찾아 제시해 참고하도록 했다.

셋째, 다양한 분야의 중진 인사와 전문가들과의 간담회, 세미나, 포럼 등을 개최하여 각각의 전문 분야에 대한 인식을 넓히고, 전문가들의 사기를 북돋우는 간접 효과를 거두었다. 특히 공개토론회, 지역별 심포지엄 등을 열어 범국민적으로 과학기술 마인드를 넓혀 나갔다.

당시 나는 불혹을 넘어 하늘의 뜻을 안다는 지천명을 바라보는 나이였지만 가슴에 담긴 열정만은 어느 젊은이 못지않게 뜨거웠다. 내 자신이 하나의 밀알이 되어 이 땅에 과학기술이라는 희망의 꽃을 활짝 피울 수 있게 된다면 더 바랄 것이 없었다.

"사랑하는 미래의 국가 지도자 여러분! 과학기술은 손발에 달려 있는 것이 아닙니다. 머리에 달려 있는 것입니다. 그러므로 과학기술을 발전시키는 것은 위대한 지도자의 몫이라 할 수 있습니다."

영재교육이 곧 벤처교육이다

기회는 준비된 사람에게만 주어지는 법이다. 나는 1996년에 다시 국회의원으로 선출되어 의정 활동을 재개했다. 당시 나는 앞으로 다가올 정보화사회, 지식기반사회에서는 무엇보다 뛰어난 머리와 창의성을 지닌 인재가 필요하다는 사실을 깊이 인식하고 있었다. 뇌연구촉진법을 제정(1998년)하고 영재교육진흥법 제정을 주도하며 "뛰어난 두뇌를 갖춘 인재들을 양성하는 것이 곧 국가 경쟁력을 키우는 길"임을 부르짖은 것도 바로 그 때문이었다.

세계 각국에서는 이미 오래전부터 나라 발전의 주요 수단의 하나로 영재교육을 실시해 왔다. 그러나 각국의 영재교육은 서로 다른 특성을 지니고 있다. 사람마다 얼굴이 다르고 손금이 다른 것처럼 고유의 문화에 따라 영재를 키우는 방법이 제각각 다른 것이다.

미국의 경우 연방정부와 주정부가 적극적으로 영재교육에 관심을 갖게 된 것은 1972년 〈마랜드보고서〉에 특수교육의 하나로 영재교육이 포함되면서부터다. 이후 1988년에 영재교육법을 제정한 미국은 주정부 내에 영재교육과를 두고 프로그램 개발과 재정지원을 대폭 늘렸다. 현재는 50개 주 가운데 32개 주가 영재교육을 법으로 의무화하여 주정부를 중심으로 획일성을 지양하는 특색 있는 교육을 실시하고 있다.

미국 영재교육의 특징은 아이들이 각자 관심 있는 과목을 선택하고 깊이 있게 연구하도록 하는 심화학습을 실시하고 있다는 점이다. 아이들이 즐거움을 느껴야 창의성이 계발되기 때문이다. 최근에는 영재교육 대상의 범위도 상위 30%에 드는 학생들에게까지 확대할 만큼 교육의 폭을 넓히고 있다.

1980년대에 일본의 경제침략을 걱정하던 미국이 90년대에 들어서서 세계 제일의 경제대국으로 우뚝 선 것은 국가 차원에서 고급두뇌 양성을 게을리 하지 않은 노력이 결실을 맺은 것이라고 볼 수 있다.

한편 독일 정부는 방학 동안 '독일연방 학생학술원'을 운영하고 있다. 이 학술원은 각 분야에서 이미 뛰어난 성취를 보인 학생들을 모아 전문가가 하는 것과 같은 과정을 거쳐 작품 활동 또는 연구 활동을 할 수 있도록 하기 위해 만들어졌다. 방학 기간을 자율적 탐구태도와 창의적 문제해결력이라는 영재적 특성을 계발하는 한편 숨은 영재성을 찾아내는 기회로 활용하고 있는 것이다.

학술원의 엄격한 기준을 통과해 선발된 16~18세의 영재들은 독일 내의 여러 기숙학교에서 몇 주일씩 함께 생활한다. 이들은 스스로 선택한 주제를 중심으로 대학교수, 예술가, 경제전문가 등과 토론하고 연구하며 작품을 만들기도 한다. 미국과는 달리 엘리트주의 교육이기는 하지만 학생들이 주도적으로 프로젝트를 진행해 스스로 문제를 해결하도록 한다는 점에서는 창의성을 강조하는 미국식 영재교육과 방향이 같다고 할 수 있다.

러시아는 1950년대 전반기까지만 해도 발레나 오페라 등 예술 분야를 제외한 다른 분야에서의 영재교육을 이념적으로 거부해 왔다. 그러나 1950년 후반 스푸트니크호 발사를 전후하여 과학 · 기술 · 경제 분야에서 다른 나라들보다 앞서 나가기 위해 전략적으로 영재교육에 힘을 쏟았고, 소련 공산당은 1970년 이후 공식적으로 영재교육을 인정했다.

현재 러시아의 영재교육제도는 크게 세 가지로 나뉜다. 전국의 초 · 중 · 고생들이 방과 후 각종 서클에 가입해서 활동하는 심화활동제도, 9~11학년 학생들이 수학과 물리 특수반에서 활동하는 심화활동제도, 8학년부터 시작되는 주요 국립대학 부설 수학 · 과학 고등학교제도 등이 그것이다. 러시아에는 방과 후에 심화 활동을 하는 곳이 주요 도시에 4500개나 있다.

이스라엘은 특별한 천연자원이 없는 모래뿐인 땅에 인구도 적은 나라다. 그러나 국가적으로 영재교육을 실시하여 첨단정보화 인력과 연구 인력을 양성하고 무상교육을 통해 국민 전체의 교육능력을 대폭 끌어올렸다. 실제로 미국 나스닥 시장에 상장된 첨단정보 기술업체 CEO 중 1/3이 이스라엘 출신이다.

이스라엘도 처음에는 강한 평등주의적 교육철학 때문에 영재교육에는 소극적이었다. 모든 학생들을 똑같이 가르쳐야 한다고 생각했던 것이다. 그러나 아랍 국가들과 경쟁하면서 그들과 싸워 이기려면 우수한 인재가 필요하다는 것을 깨달은 이스라엘은 1973년 교육부 내에 영재교육과를 설치하고 전국에 있는 2만여 명의 영재들에게 다양한 교육 프로그램을 제공해 왔다.

이스라엘 영재교육의 특징은 교육방법과 수준이 다양하다는 데 있다. 현재 이스라엘에는 특수학교나 영재교육센터로 불리는 12종류의 다양한 영재교육기관이 있다. 이스라엘 정부는 초등학교 2~3학년부터 각 반의 상위 3% 이내에 드는 학생은 모두 대학교까지 의무적으로 영재교육을 받도록 하고 있고, 별도의 자격시험을 통과한 학생들에게도 영재교육을 실시하고 있다.

중국은 1978년부터 전국 50여 개 초중고에 영재학급을 설치해 운영하고 있다. 베이징제8실험중학교, 인민대부속중학교, 위민소학교, 인허소학교, 텐진육민실험소학교 등이 그것이다. 중국 내에서 모범적인 영재교육기관으로 평가받는 베이징제8실험중학교는 보통 초등학교 4, 5학년 학생들을 대상으로 2년마다 1개 반에 30여 명씩 선발해 고등학교를 졸업할 때까지의 8년 과정을 4년에 가르치고 있다. 또한 우수인력이 이공계에 진학하도록 하기 위해 과학보급클럽을 만들었는데 초 · 중 · 고 · 대학생 회원 수가 무려 1억 2000만 명에 이른다.

중국은 영재 선발 과정에서 문화적인 차이를 고려해 지능지수검사 등 외국의 평가기준은 사용하지 않고 중국과학원심리연구소에서 개발한 다양한 시험자료를 활용하고 있다. 특히 주의력, 관찰력, 기억력, 상상력, 사유능력의 5가지 지표를 중심으로 평가하고 있다. 한때는 7~8세에 선발해 12~13세에 대학에 들어가도록 하는 등 영재교육의 대상 연령을 낮추기도 했지만 최근 지나치게 어리면 스스로를 돌보고 생활해 나가는 데 문제가 있다는 판단에 따라 영재교육 시작 연령을 10~11세로 조정하고 있다.

이들은 대학을 마치고 선진국으로 유학을 떠나 비교적 어린 나이에 학위를 취득하고 있다. 현재 실리콘밸리의 벤처기업 CEO 중 28%가 중국 출신이라는 점에서 알 수 있듯 중국은 세계적인 두뇌 강국으로 급부상하고 있다.

중국과 체제경쟁을 벌이고 있는 대만도 영재교육에 힘을 쏟고 있다. 대만은 1984년 12월 17일 장애아와 영재들을 위한 특수교육법을 제정, 공포했다. 이 법에 의하면 대만의 영재교육 프로그램은 세 가지 유형으로 나누어진다. 지적인 영재를 위한 프로그램, 수학과 과학에 재능이 있는 학생들을 위한 프로그램, 미술과 음악, 무용에 재능 있는 학생들을 위한 프로그램 등이다.

대만에서는 영재교육을 두 가지 방법으로 운영한다. 그중 하나는 상설 영재학급을 설치 · 운영하는 것이고, 또 다른 하나는 시간제 영재학급을 설치 · 운영하는 것이다. 영재로 판정되면 교육과정을 마친 것과 동등한 자격을 가진 것으로 인정해 곧바로 상급학교에 입학할 수 있는 혜택을 주고 있다.

국토의 면적이 매우 좁고 천연자원도 거의 없는 싱가포르는 국가의 미래가 유능한 인재들에게 달려 있음을 인식하고 1984년부터 교육부의 주도하에 체계적으로 영재교육을 실시하고 있다.

싱가포르에서는 초등학교 5학년부터 학생의 능력에 따라 상위 10%, 40%, 50% 등으로 분류되어 능력별 교육을 받고 있다. 또한 교육부 영재교육과는 시험을 통해 매년 상위 1%에 속하는 약 500명을 선발해 4학년 때부터 영재교육을 실시하고 있는데 영재도 정서적 · 사회적 발달을 위해 보통 학생들과 사귀는 것이 필요하다는 판단하에 일반학교 안에 상설 영재학급을 설치하는 제도를 도입했다.

우리나라에서는 1999년에 영재교육진흥법이 제정되었다. 한국영재학회 회장을 맡아 이끌며 교사들의 의견을 모으고, 각종 세미나와 공청회에서 논쟁을 벌이며 영재교육의 필요성을 외치고 다닌 지 3년 만에 비로소 결실을 본 것이다.

영재교육은 일종의 벤처교육이라고 할 수 있다. 영재교육을 통해 빌 게이츠 같은 인물을 길러낸다면 적은 비용으로 엄청난 효율을 얻는 것이나 마찬가지다.

우리나라의 교육 현실과 문제점, 앞으로 나아가야 할 방향에 대해서는 한 장을 따로 마련해 보다 자세히 이야기하도록 하겠다. 교육은 한 나라의 미래가 달려 있는 중요한 사항이기 때문이다.

"사랑하는 청소년 여러분! 여러분 모두 뛰어난 영재가 될 수 있습니다. 하나의 태양이 온 누리를 밝히듯이 한 사람의 두뇌영재가 온 세상을 밝게 합니다."

쥐라기 공원과 디 워

내 신상명세서의 취미 난은 언제나 '영화감상' 이라고 적혀 있다. 대부분의 사람들이 흔히 말하는 취미 중 하나여서 짐짓 상투적이라고 느낄지 모르지만 나는 정말 영화를 좋아한다. 어릴 때부터 영화를 많이 봤었고 한때는 영화감독이 되려는 생각까지 했을 정도다. 지금도 한 달에 3편 정도는 본다. 비디오로 보는 것이 아니라 직접 영화관에 가서 본다.

영화는 환상적이고 창조적인 사고를 하도록 이끈다. 하지만 그런 이유로 영화를 좋아하게 된 것은 아니다. 사람을 사귈 때 첫인상에 끌려 관심을 갖고 만나고 마음을 나누다 보니 이러저런 좋은 면들이 객관적으로 인식되는 것처럼 영화도 마찬가지다. 어쩌면 내가 자유분방하고 창조적인 사고를 하게 된 이유 중 하나가 영화에 있는지도 모른다. 물론 영상산업이 막대한 부가가치를 창출한다는 것을 알게 된 것은 그로부터 훨씬 후의 일이다.

지금이야 어른 아이 할 것 없이 영상산업에 관심을 가지고 있지만 12~13년 전만 해도 영화를 산업으로까지 생각하는 사람은 별로 없었다. 그 당시 국가과학기술자문회의 위원장이었던 나는 영상산업진흥정책을 적극적으로 추진하며 김영삼 대통령에게 영상산업의 중요성을 다음과 같이 강조했다.

"미국의 스티븐 스필버그 감독이 기발한 창의력을 바탕으로 컴퓨터그래픽 기술을 총동원해서 만든 영화 〈쥐라기 공원〉의 제작비는 6500만 달러이지만 1년 만에 벌어들인 돈은 무려 8억 5000만 달러에 달합니다. 이는 우리나라가 중형 자동차 150만 대를 수출한 것과 맞먹는 금액입니다."

이 비유가 가슴에 와 닿았는지 많은 사람들이 영상산업의 중요성을 언급할 때마다 인용하곤 한다. 그 무렵 게임산업이 곧 영상산업을 앞지를 것이라고 말했었는데 내 예견은 몇 년이 지나지 않아 현실로 나타났다.

바로 눈앞에 다가온 현실에 조급해진 나는 1995년에 영상진흥기본법을 만들었고, 1996년에는 영상산업진흥안을 영상물로 만들어 대통령과 장관들이 참석한 국무회의에서 브리핑을 했다. 내가 직접 기획, 편집하고 내레이션까지 맡은 영상물이었다.

“우주시대의 우주항공산업은 미국의 으뜸가는 산업으로 자리 잡았습니다. 그리고 이제 하늘의 항공우주산업 다음으로 땅 위의 영상산업이 미국의 제2산업으로 부상하고 있습니다. 미국이 영상산업에 미래를 걸 수 있는 것은 첨단산업의 한 분야인 컴퓨터를 이용한 고도의 입체영상기법이 발달되어 있기 때문입니다. 여기에 창의적인 아이디어를 지닌 감독이 예술적인 감각으로 재미있는 영화를 만들어 미국 영화는 세계시장을 휩쓸고 있습니다. 반면에 우리의 영화는 〈시편제〉 〈화엄경〉 등 몇몇 작품을 제외하고는 관객들에게 외면당하고 있는 것이 현실입니다. 그 이유는 무엇보다 시나리오, 제작비, 우수 인력, 첨단영상기기와 기법 등 전반적인 여건이 부족하기 때문입니다. 지금 대형화된 미국의 직배 영화사들이 막강한 자금력과 기술력을 바탕으로 우리의 영화시장을 무차별 공격하고 있습니다. 폭발적으로 늘어나는 영상시장을 고스란히 미국의 손에 넘겨주어야겠습니까? 아니면 경쟁력을 갖춘 영화를 만들어 거대한 세계시장에 뛰어들어야겠습니까? 가장 시급한 것은 우리 영화인들이 영상산업용 기자재를 쉽게 이용할 수 있도록 기자재의 수입, 임대, 보급을 산업연구시설 차원에서 지원하고 우수한 젊은 인재를 육성하는 일입니다. 이제부터라도 국가 차원에서 영상산업에 대한 종합정책을 마련하여 전개해 나간다면 우리의 영상산업은 분명히 정보화시대의 제3제조업으로 발전해 세계시장으로 진출할 유망산업, 자랑스러운 고부가가치 무공해산업으로 자리잡게 될 것입니다."

나는 영상물의 마지막 부분에 일부러 애국가를 넣었다. 영상산업이 국가의 미래에 미치는 영향을 회의에 참석한 모든 이들의 마음에 강하게 호소하기 위해서였다.

지금은 많은 부분에서 영상산업지원책이 개선된 것이 사실이다. 그러나 항상 미국 등 선진국이 앞서 나가고 난 후에 이루어지곤 했다. 늘 뒷북만 쳐온 것이다. 그때마다 내 머리카락은 하얗게 세어 갔다.

하지만 나는 심형래 감독이 만든 영화 〈디 워〉를 보고 내심 위안을 얻었다. 반짝반짝 빛나는 가능성을 보았기 때문이다.

내가 심형래 감독을 처음 만난 것은 2004년이었다. 당시 심 감독은 제15회 세계우주소년단 대회의 홍보대사로 위촉되었고, 그 일을 계기로 만나 친해지게 되었다. 이후 나는 영구아트무비에 세 번을 찾아가 고군분투하는 심 감독을 위로해 주었다.

많은 영화 평론가들이 〈디 워〉의 구성을 문제 삼았지만 SF영화를 보는 관점과 일반 영화를 보는 관점은 분명히 다르다. 디 워는

SF영화이지 멜로드라마가 아니다. 스토리보다는 감각적이고 다이내믹한 표현과 영상기법이 더 중요하다. 컴퓨터그래픽이 할리우드 영화와 비교해 섬세하지 못한 부분이 없다고는 말할 수 없지만 그럼에도 불구하고 상품적 가치는 높다고 할 수 있다. 우리의 기술이 세계시장에 수출될 수 있다는 것을 〈디 워〉는 여실히 보여주고 있는 것이다.

처음 만든 SF영화 〈영구와 아기 공룡 쭈쭈〉 가 〈쥐라기 공원〉과 맞붙어 처참하게 패하고, 우리나라 최초로 3D기술을 이용해 만든 〈2001 용가리〉는 대다수의 한국 관객으로부터 실패작이라는 냉혹한 평가를 받았지만 심 감독은 결코 좌절하지 않았다. 6년간의 치밀한 준비 끝에 자신을 비웃었던 세상에 〈디 워〉를 선보였다. 〈디 워〉가 이끌어낸 성과는 눈부셨다. 국내에서만 840만이 넘는 관객을 동원하여 한국영화 역대 흥행 순위 5위에 올랐다. 미국에서는 2275개의 개봉관에서 상영되었고, 1100만 달러가 넘는 수입을 올렸다. 2차 판권 수입 4000만 달러, 국내 상영 수입 등을 합하면 〈디 워〉로 벌어들인 돈이 1억 달러(약 996억원)에 이른다. 사실 〈디 워〉는 세계 영화시장을 주도하는 미국 전역에 개봉됐다는 것만으로도 큰 의의가 있다고 할 수 있을 것이다. 앞으로 제2의 〈디 워〉, 제3의 〈디 워〉가 미국시장을 파고들 수 있는 문을 열어주었기 때문이다.

심 감독은 말한다.

"그동안 많은 실패와 시행착오를 겪으며 영구아트만이 만들 수 있는 영화제작 방법을 찾았다. 경쟁력을 갖추기 위해서는 이 세상에 유일하게 존재하는 콘텐츠를 찾아야 했던 것이다. 영구아트는 〈디 워〉를 만들기 위해 맨땅에 헤딩하는 식으로 일을 해 나갔고, 결국 이루어냈다."

그는 한국에서는 불모지나 다름없는 SF 장르를 개척한 선구자다. 우리는 다른 무엇보다 SF 장르로 승부를 봐야 한다. 벤허처럼 스펙터클한 영화는 여건상 만들기 힘든 것이 사실이기 때문이다. 따라서 앞으로 심 감독과 같은 사람들이 많이 나와야 우리의 영상산업은 밝은 미래를 기대할 수 있을 것이다.

내가 부산영화제를 SF영화제로 특화시키자고 주장하는 것도 같은 이유에서다. 산업사회 때 공단을 많이 세웠듯이 정보화사회에 들어선 지금 국내에 SF영화 제작공단을 세워 우리의 우수한 영화인재들이 뛰어난 SF영화를 마음껏 만들 수 있게 하고, SF영화제는 수출과 판매 상담을 하는 장소가 되도록 하면 어떨까.

나는 〈디 워〉가 개봉될 때 손자들을 데려가 심형래 감독과 점심식사를 함께했다. 그 자리에서 심 감독에게 〈W-WAR(무기 전쟁)〉 〈V-WAR (바이러스 전쟁)〉 등 '워 시리즈'로 영화를 만들면 어떻겠느냐고 제안했다.

“다른 무기와는 달리 바이러스는 공기에 실려 보내면 된다. 그러나 무차별 공격이 되지 않도록 원하는 나라에 도착하는 시간을 정확히 재고 그 시간이 지나면 바이러스가 죽는 장치를 만들어야 한다. 또한 상대국에 웃음 바이러스를 뿌리면 전쟁할 의사를 잃어버리지 않겠는가. 그렇게 되면 사람도 죽이지 않고 전쟁을 승리로 이끌 수 있으니 재미있을 것이다.”

심 감독은 웃으며 한번 생각해 보겠다고 말했다. 심 감독이 내 말을 받아들여 영화를 만들지 두고 봐야겠다.

“사랑하는 SF영화 꿈나무들이여! 심형래 감독은 기발한 상상력과 끈질긴 도전정신으로 우리나라 SF영화의 무한한 발전 가능성을 제시했습니다. 시작이 반입니다. 이제는 여러분이 한국 SF영화로 세계를 제패해 우리의 꿈을 매듭지어야 합니다.”

정부도 창조적인 경영자가 되어야 한다

나는 16대에도 국회의원이 되어 15대 때부터 추진해 온 천연물 신약연구개발촉진법과 전자상거래기본법을 제정(2000년)했다. 모두 다가오는 미래 사회에 대비한 법이었다. 당시 나라 안은 서민경제의 고통, 국가경제의 불안, 정치권에 대한 불신으로 바람 잘 날이 없었다. 그러나 나는 정치인은 어려운 때일수록 뼈를 깎는 자기개혁을 해야 한다고 생각했다. 정치권의 생각이 바뀌면 나라의 운명이 바뀌기 때문이다.

나는 과학기술정보통신위원회 위원장을 맡아 '전자정부 구현을 위한 기본법' 제정을 추진해 나갔다. 21세기에는 두뇌에서 고부가가치가 창출될 수 있도록 창의성 교육에 집중해야 하듯이 정부도 관리자가 아닌 창조적인 경영자가 되어야 한다는 생각을 했던 것이다. 그러기 위해서는 '전자정부(e-government)'를 도입할 필요가 있었다. 나는 이를 위해 1998년부터 헌법·행정학 교수들로 구성된 '전자정부 입법포럼'을 운영해 왔다. 그리고 더 나아가 전자정부를 실현하기 위해서는 현행 헌법을 '21세기형 국가 구현을 위한 디지털 헌법'으로 손질할 필요가 있다는 주장을 펼치며 국가의 조직과 기능을 사람의 신체 기능과 닮은 방향으로 개혁하고 변화시키는 생체형 전자정부의 모델을 제시했다.

지금 하늘에는 인공위성이 날고 땅 밑에는 광 통신망이 깔려 있다. 인터넷 화상전화로 언제 어디서나 자유롭게 통화할 수 있는 디지털시대가 온 것이다. 우리는 불과 10여 년 전만 해도 SF영화에서나 볼 수 있었던 가상공간에 살고 있다. 누구도 예측하지 못했던 일이 현실이 되고 있고, 세상은 최근 수년 동안 지난 수십 년간 변화해 온 속도보다 더 빠르게 달라지고 있다.

우리나라는 초고속 인터넷 가입자 수가 1200만 명이 넘고 이용자 수는 3500만 명이 넘는 인터넷 강국이다. 정보통신부와 한국정보사회진흥원이 발간한 『2007 국가정보화 백서』에 따르면 우리나라 사람 10명 중 7.5명이 인터넷에 접속하고 있고, 이들 중 대부분이 인터넷을 통해 신문, 영화, TV, 잡지·서적, 라디오 등을 이용하고 있다고 한다.

이에 비해 정부의 운영방식은 아직도 산업사회 형태에서 크게 벗어나지 못하고 있다. 산업과 생활권에서는 눈에 보이지 않는 정보통신망을 달리며 초고속으로 살고 있지만 우리 정부는 여전히 수공업적인 방식으로 느릿느릿 걸어가고 있는 것이다.

우리 국가기관의 정보화, 즉 진정한 전자정부는 아직 걸음마 단계에 머물러 있다. 온라인으로 신청이 가능한 민원은 전체의 20%도 되지 않는다. 중앙부처의 전자결재율은 40%를 간신히 넘고 있고 지방자치단체의 경우에는 20%에도 미치지 못하고 있다. 온라인 생활이 일상화되어 가고 있지만 아직도 민원서류 한 장 떼려면 산 넘고 물 건너서 찾아가고 기다려야 한다. 끊임없이 이어지는 민원인들의 볼멘소리에 대한 대답은 늘 비슷하다. 인력 부족과 행정서비스 문제를 개선하기 위해서는 공무원 수를 하염없이 늘려야만 하는 것일까.

멀티미디어시대의 가장 효율적인 국가구조를 만들기 위해서는 인체구조의 특성을 적용해야 한다. 차세대 전자정부 모델도 가장 감각적이고 효율적인 동시에 너무나 경이롭고 신비한 인체생리시스템에서 찾아야 한다. 국가조직 기능과 인체조직 기능은 기본원리가 같기 때문이다. 국가정보화의 핵심은 정부 각 부처와 지방자치체, 그리고 국민과의 네트워크 구축에 있는데 먼저 기획조정 기능을 하는 인체의 신경계를 살펴보면 중추신경계(대뇌, 소뇌, 간뇌)는 중앙정부 기능을, 자율신경계(교감신경계, 부교감신경계)는 지방자치 기능을, 말초신경계는 치안 및 국방 기능을 담당한다고 볼 수 있다. 그리고 관리와 집행 기능을 하는 장관계를 살펴보면 5장(간, 심장, 비장, 허파, 신장)은 생산공급 기능을, 6부(쓸개, 위장, 소장, 대장, 방광, 삼초)는 유통수요 기능을 담당한다고 볼 수 있다. 기획조정정보시스템인 신경계와 수요공급관리네트워크인 5장 6부로 구성된 인체는 최소 조직으로 최대한의 기능을 발휘할 수 있도록 운영되고 있다. 따라서 인간의 생체구조야말로 가장 이상적인 미래 국가경영시스템이라고 할 수 있는 것이다.

인체의 기능을 국가경영에 적용할 수 있는 네 가지 예를 들어 보면 다음과 같다.

첫째, 인체의 핵심기능이 미래 환경(연구개발, 인간관계)과 외부 환경(사고)을 예측하고 기획하고 조정하는 데 있는 것처럼 국가의 핵심기능도 미래(과학기술, 교역 등)와 외부(국방, 환율, 무역)를 예측하고 기획하고 조정하는 데 있다. 이는 국가 경쟁력을 튼튼히 하는 길이다.

둘째, 인체 내부조직이 주로 자율신경계로 운영되는 것처럼 국가 내부조직도 주로 지방자치와 시장경제로 운영되어야 한다. 이는 효율적인 작은 정부가 되는 길이다.

셋째, 인체의 약 3%를 차지하고 있는 뇌가 최고로 활동할 때 무려 80%의 에너지를 소비하는 것처럼 국가재정은 뇌기능인 예측 · 기획 · 조정 기능에 가장 많은 예산을 배정해야 한다. 이는 IMF 관리 체제와 같은 국가 위기를 예방하는 길이다.

넷째, 인체조직이 한 조직의 질병에 조직 전체가 대응하여 방어하는 것처럼 국가조직도 초고속 정보통신망을 통해 장벽을 제거하고 투명성을 확보해야 한다. 이는 국민들에게 양질의 서비스를 제공하는 길이다.

이와 같이 생체형 전자정부는 부처 간 이기주의, 중복되는 사업투자, 창의적 시스템 부재 등 정부의 비효율적인 운영과 비리 · 부정부패 문제를 해소할 수 있는 세계 특허 수준의 독창적인 전자정부 모델이라 할 수 있다. 앞으로 생체형 전자정부가 도입되면 e정부는 물론 미래의 모바일 정부(m정부)나 유비쿼터스 정부(u정부)를 통합하는 형태로 발전해 나갈 것이다.

현 정부제도나 행정구역 등은 과거 산업사회의 산물이다. 따라서 정부부처 간의 벽을 허물고 정부조직과 행정구역이 광역화될 수 있도록 미래 정보시대에 맞는 IT유관부처 개편과 함께 행정 · 입법 · 사법을 아우르는 단일 전자정부법 마련이 시급하다.

진정한 의미의 전자정부 구현을 위해서는 돈(기금), 사람(CIO), 조직(추진체계) 등 종합적인 관점에서의 제도적 접근이 필요하다. 이를 위해 무엇보다 먼저 사업을 추진하는 주체가 리더십을 갖고 관련 부처들을 조정할 수 있어야 한다. 외국의 경우 주로 예산 주관부서가 사업을 맡는 것도 이 때문이다. 미국은 대통령 직속기관인 관리예산실에서 전자정부사업을 적극 지원하고 있다. 우리나라도 망 구축과 관련 기술 정비를 위한 예산을 확보하기 위해서라도 리더십 있는 부서를 중심으로 부처별로 업무를 재배치하고 적극적으로 업무를 공유하고 분담해 나갈 필요가 있다.

클린턴 전 미국 대통령은 2000년 6월 "앞으로 90일 이내에 연방정부와 관련된 모든 정보를 www.firstgov.gov로 이름 붙인 단일 웹사이트를 통해 제공하고 정부기관에 방문하지 않아도 인허가 등 각종 민원을 전자적으로 처리할 수 있도록 할 것"이라고 발표했다. 본격적인 전자정부의 시대가 왔음을 선언한 것이다. 영국의 토니 블레어 전 수상도 직속으로 '중앙기술단'을 두고 정부서비스를 100% 전자적으로 제공하여 시민들이 언제 어디서나 필요한 서비스를 받을 수 있도록 했다.

미국과 영국이 국가 CEO가 직접 나서서 정부주도하에 강력하게 전자정부를 추진해 왔다면 싱가포르와 아일랜드는 정부와 기업이 공동으로 전자정부를 추진하여 세계 유명기업의 E-비즈니스 천국이 되고 있다.

아일랜드는 민간과 정부, 행정과 비즈니스 간의 벽을 없애고 하나의 국가시스템을 구축했다. 그 후 MS, IBM, 인텔, 화이자 등 1200여 개의 유명 기업이 스스로 들어와 활발한 비즈니스를 전개하고 있다. 그들은 '안전운행' 만을 중시하는 정부가 행정절차를 내세우며 고속으로 운행해야 할 기업의 발목을 잡고 있는 우리와는 달리 정부와 기업이 하나가 되어 같은 속도로 달린다. 때문에 기업의 연구개발조차 정부와의 공동협력사업처럼 추진된다. 또한 정부는 기업에 대해 현실적인 규제와 간섭을 하기보다는 변화하는 세계경제 환경에서 살아남을 수 있도록 거시경제의 흐름을 알려주어 기업경영형 전자정부를 구축하고 있다.

싱가포르의 경우는 정부서비스를 하나로 묶어 간편하고 신속하게 일을 볼 수 있도록 했다. 이에 따라 시민은 자연스럽게 '전자시민(E-Citizen)' 으로 생활하고 있다. 입법 · 사법 · 행정 등 삼권분립의 벽을 허물고 있는 싱가포르는 모든 국민을 네트워크로 연결하는 '싱가포르-원(singapore-one)' 을 국가발전의 목표로 정해 싱가포르 어디서나 한 번의 클릭으로 필요한 정보를 검색하고, 의견을 교환하고, 민원을 해결할 수 있도록 했다.

사법부의 경우도 온라인 법정을 통해 온라인상으로 판사의 중재를 받을 수 있게 했다. 직접 법정에 출두하지 않아도 되는 것이다. 사법부의 권위를 중시하는 우리나라로서는 생각조차 하기 어려운 일이다.

이처럼 선진국들의 변화와 개혁은 각기 다른 이념과 환경을 뛰어넘어 인간에게 편리한, 인체 기능을 닮은 국가시스템, 다시 말해 전자정부라는 목표를 향해 달려가고 있다. 그리고 이들의 전자정부는 행정의 디지털화를 통해 엄청난 예산과 시간, 인력을 절감하여 국가 경쟁력을 높이는 데 크게 기여하고 있다.

전자정부는 행정부는 물론 입법부와 사업부에 속해 있는 모든 기관이 사이버공간에서 벽 없이 유기적으로 연결되어 하나의 정부가 되는 모습으로 구현되어야 한다. 전자정부를 보다 빨리 정착시키기 위해서는 먼저 공무원의 자율과 창의성, 의욕을 살릴 수 있는 조직문화를 만들어야 한다. 그리하여 퇴출 대상인 기업조차 살릴 수 있는 기관차 역할을 할 수 있을 때, 우리 정부는 지구촌 경제사회에서 퇴출당하는 위기에서 벗어날 수 있을 것이다.

e, m, u-정부를 통합하는 '생체형 정부' 구현을 위한 모형

- 정부 부처(18부 4처 16청)를 각 지방자치(5대 광역시 8도)에 맞게 배분
- 조직은 e-정부, 기능은 u-정부, 조직과 기능 연결은 m-정부
- 특히 대통령은 모바일 대통령으로, 국무회의 등 부처 간 회의는 화상회의로

예시 그림

〈월간조선 2003년 4월호〉

정치인과 정치가

내가 살아온 내력을 모르는 이들은 겉으로 드러난 모습만 보고 머리 좋은 사람이 편안한 길을 걸어왔다고 생각할 것이다. 하지만 내 삶은 투쟁의 연속이었다. 우선 내가 가장 중시하는 과학이라는 것이 현실의 삶이나 정치 속에서는 그다지 매력이 없는 소재였다. 공부하는 교실에서 학생들에게나 할 얘기라고 여기는 사람들이 많았고, 먼 미래의 공상같이 여겨져 현실감이 적다고 느끼는지 귓등으로 흘려듣기 일쑤였다. 일반 국민들도 과학이 이룬 성과를 누리는 것에는 익숙하지만 어떤 분야를 연구하고 새로운 기술을 도입하기 위해 기존의 제도를 바꾸고 고통을 나누자고 하면 냉정하게 고개를 돌린다.

앞서 가는 사람이 외로운 것은 동행이 없는 탓이다. 내 경우에는 동행은커녕 뒤에서 잡아당기고 다리를 걸어 넘어뜨리는 훼방꾼들이 더 많았다. 당연히 피로감과 외로움이 밀려왔다. 다른 사람들은 정치를 목적으로 생각하는지 모르지만 나는 단 한 번도 그렇게 생각해 본 적이 없었다. 정치를 통해 해야 할 일, 하지 않으면 안 될 일이 산더미처럼 쌓여 있는 상황이었다. 정치 그 자체를 느긋하게 즐길 여유가 내게는 없었다.

나는 현실에 적절하게 대응하고 관리하는 사람을 '정치인' 이라 부른다. 반면에 미래에 대한 비전과 철학을 가지고 역사에 도전하는 사람을 '정치가' 라 부른다. 정치가의 길은 고달프다. 다만 국가와 역사에 기여했다는 것에 자부심을 갖고 위안을 삼을 뿐이다. 이런 정치가들이 많이 나와야 우리 정치의 선진화가 이루어질 것이다.

그렇다면 정보화사회에 걸맞은 정치는 어떤 것일까.

우선 기업을 예로 들어보자. 지난날 기업의 유능한 경영자는 은행에서 돈을 잘 빌려오는 사람이었다. 그다음 단계에서는 시장개척을 잘하는 사람, 즉 판매를 잘하는 사람이 유능한 경영자였다. 그러나 이제부터는 신제품 개발에 높은 안목을 가진 사람, 미래에는 어떤 기술이 필요할 것인가를 아는 사람이 유능한 경영자로 대접받을 것이다.

정치도 마찬가지다. 농업사회에서는 풍년이 들면 정치를 잘하는 것이었다. 산업화사회에서는 기업이 생산을 잘하고 시장을 넓게 차지하도록 돕는 것이 유능한 정치였다. 정보화사회에서는 농토와 공장 대신 사람의 머리를 부의 원천으로 삼아야 한다. 예컨대 머리라는 공장에서 기술정보, 즉 지적재산권을 생산하는 길로 나아가야 한다. 그러기 위해서는 정치와 사회 제도가 모두 '머리를 비옥하게 하는' 방향으로 재구성되어야 한다. 인간의 머리는 매우 신비롭다. 농작물은 아무리 잘 가꾸어도 남들보다 두 배 이상 수확하기가 어렵지만 머리는 개발만 잘하면 무한한 수확을 올릴 수 있다.

이제는 기술이 주가 되고 자본이 종이 되어야 한다. 당연히 기업의 형태도 달라지고, 금융제도의 틀도 바뀌어야 한다. 국가는 거대한 인텔리전트 빌딩처럼 구축될 것이고, 국가를 움직이는 구성원은 제각기 전문설계사, 감리사, 건축가와 같은 역할을 맡아야 할 것이다. 다시 말해 전문가정치, 기술정치로 바뀌어야 한다.

그런 의미에서 나는 프랑스의 드골 대통령을 존경한다. 프랑스 국민들은 넘쳐나는 자유정신에 흠뻑 빠져 있고 정치인들은 일주일이 멀다 하고 내각을 바꾸는 등 '나약한 프랑스'가 되어 가고 있을 때 드골은 대통령 중심제로 개헌을 단행했다. 그리고 세차게 터져 나오는 국민들의 에너지가 생산적이고 창조적인 방향으로 흐르도록 물꼬를 잡아주었다. 해양 개발, 항공우주 개발, 원자력 개발 등이 바로 그런 것이다. 그 결과 프랑스는 미라주(Mirage, 핵무기 운반용 전폭기), 테제베(TGV), 콩코드(Concorde 초음속 여객기), 엑조세(Exocet, 대함 미사일) 등을 만들 수 있는 세계적인 원천기술을 보유하게 되었다. 누구도 넘볼 수 없는 강대국이 된 것이다.

좋은 지도자란 이처럼 국민의 창조적 에너지를 최대한 끌어내는 사람이다. 내가 2002년에 한나라당 대통령 후보 경선에 나온 것도 드골과 같은 전문정치가, 즉 과학대통령이 필요하다는 사실을 국민에게 알려야 한다는 생각 때문이었다.

"사랑하는 미래의 정치 지도자 여러분! 오늘날의 정치가는 수많은 사람들이 다양한 재능을 꽃피울 수 있는 제도와 정책을 만들 수 있어야 합니다. 서로 다른 악기의 음을 모아 위대한 화음을 이끌어내는 카라얀 같은 명지휘자가 되어야 합니다."

정치판의 개그맨이 되다

"저 사람 도대체 왜 나왔지?"

"대통령 후보 경선에 '과학대통령' 이라는 슬로건은 좀 이상하지 않나?"

"우리 정치판에서 과학 외골수로 통하는 사람 아니야? 이제 후보 경선에서까지 외골수가 되는 건 아닐까."

내가 한나라당 대통령 후보 경선에 나설 것이라고 선언하자 언론사 기자들이 한 말이다. 당시 동료 의원들은 물론 가족들까지 놀라워했다. 나를 마치 돈키호테쯤으로 생각하는 것 같았다. 나 역시 우리의 정치 풍토에서 대통령이 되겠다는 생각 같은 건 해본 적이 없었다. 그런데 무엇 때문에 2억 원이라는 적지 않은 후보 등록비를 내면서까지 엉뚱한 모험을 감행했을까.

사실 처음에는 대통령 후보 경선이 아니라 부산시장 선거에 나갈 생각이었다. 대통령 당선은 천운이 따라야 하지만 지방자치단체장은 노력하면 가능하리라 여겼던 것이다.

나는 그동안 행정부 장관, 정당 정책위의장, 국회 상임위원장, 청와대 대통령자문위원장 등 4부 요직을 거친 경험과 수많은 과학기술 관련 입법을 주도하면서 쌓은 지혜, 그리고 15년간 기업에서 연구개발 업무를 담당하며 얻은 전략적 사고를 내가 태어난 지역의 발전을 위해 원 없이 쓰고 정치인으로서의 경력을 마무리하고 싶었다.

더욱이 어려운 부산경제를 살리는 기적을 만들면 다른 자치단체들도 본받을 것이고, 그러면 나라 전체를 실질적으로 바꿀 수 있을 것이라는 생각을 했다. 우리나라를 하나의 주식회사로 본 것처럼 부산을 부산주식회사로 보고 부산에 있는 대학들은 중앙연구소, 부산의 기업들은 생산 · 영업 부서, 부산시청은 기획관리 부서로 만드는 것이 내 목표였다. 나는 이렇게 기본 틀을 짜서 창조적인 기업경영방식을 도입하고 혁신적인 프로젝트를 통해 외국의 자본을 끌어들인다면 부산경제를 일으킬 수 있을 거라는 확신을 했다.

그러나 우리의 정치에서는 후보인 제갈공명이 유권자이자 주인인 유비를 3번 찾아가 부탁해야 할 뿐만 아니라 알게 모르게 불

합리한 벽도 존재하고 있음을 실감하게 되었다. 그럴 바에야 차라리 그 노력과 비용을 대통령 후보 경선에 들이는 편이 낫겠다는 판단이 섰다. 한 달가량 전국의 주요 도시를 돌아다니며 후보 토론을 하게 되면 그 장면을 3대 TV를 비롯한 언론이 보도할 것이고, 자연스럽게 내가 가지고 있는 생각을 국민들에게 알릴 수 있을 거라고 믿었던 것이다.

생각이 바뀌면 운명이 바뀌는 법이다. 나는 대통령 후보 경선에 뛰어들어 자랑스러운 우리 국민의 사고를 바꾸어보리라 결심했다. 이 같은 결심을 행동으로 옮길 수 있었던 것은 회사 퇴직금으로 사둔 땅을 헐값에 급히 팔아 후보등록비를 마련해 준 집사람 덕분이었다.

경선에 나서자 많은 신문사와 방송사들이 인터뷰는 물론 각종 토론회에 참석해 달라는 요청을 해왔다. 이때 빠지지 않고 나오는 질문 중의 하나가 "이상희 후보의 이념은 무엇이냐?"는 것이었다. 그 안에는 당신의 정치 '색깔'은 무엇이냐는 의미가 들어 있었다. 우냐 좌냐, 우 중에서도 극우냐 중도냐, 보수 또는 진보라면 온건이냐 급진이냐는 식의 노선을 묻는 것이었다. 그때마다 나는 "나의 이념은 창조적 진보"라고 대답했다. 그러나 창조적인 진보라는 말이 낯설게 들리는 듯했다. 창조적인 진보란 미래를 내다보며 나아가되 독단에 빠지지 않고 유연성을 발휘하는 진보를 말한다. 무거움과 가벼움, 속도의 빠름과 느림을 조절할 줄 아는 진보가 지혜롭고 창조적인 진보인 것이다.

이제는 이념논쟁 자체가 무의미해진 시대다. 국경이 없어지는 세계화시대, 지식정보화시대에 대처하고 미래를 준비해 국가 경쟁력을 높여야 할 이때 이념논쟁이 무슨 의미가 있는가. 결국에는 지식기반시대의 큰 흐름을 따라가지 못해 나라를 위기에 빠트리고 말 것이다.

나는 국민들에게 다음과 같은 메시지를 전하고 싶어 기자들에게 말했다.

"창조의 기본바탕은 과학기술에 있다. 과학기술이 사회 모든 분야의 변화를 이끌어내고 풍요로운 미래를 만들 수 있다. 지금 우리나라는 경제의 뿌리인 과학기술로 새로운 미래를 여는 지도자, 바로 과학경제대통령이 필요하다. 21세기의 국가 경쟁력은 과학기술력에 달려 있다. 한때 국가부도 위기를 겪었던 핀란드가 세계 최고 수준의 국가 경쟁력을 갖게 된 이유는 과학으로 경제를 일으키려는 정치 지도자의 의지와 철학이 있었기 때문이다."

그러자 많은 사람들이 “지식기반사회 논쟁이 대선 과정에서 국민적 화두가 될 수 있겠는가?” 하고 되물었다. 나는 당연히 될 수 있고 또 그래야만 한다고 대답했다. 국가 지도자가 시대의 변화를 감지하지 못하면, 미래를 예측하고 준비하지 못하면 국가도, 그 나라 국민도 뒤처질 수밖에 없는 것이다.

나는 당장의 인기에 연연하는 정치는 하지 않았다. 당연히 경선 득표율은 저조할 수밖에 없었고, 주위에선 사퇴를 권유하기도 했다. 그러나 득표율이 저조하다고 포기할 것 같았으면 아예 나서지 않았을 것이다. 내가 나선 이유는 ‘정치적인 이슈’ 만이 정치가 되어서는 안 된다는 점을 주장하고 싶었기 때문이었다. 과학적인 사고와 마인드를 가진 젊은이들에게 꿈과 희망을 주고 싶었기 때문이었다.

경선 과정에서 나에게 붙여진 별명이 있다. ‘개그맨’, ‘경선의 만담가’ 등이 그것이다. 평소에 개그를 좋아하고 개그맨을 존경스럽게 생각해 왔던 나로서는 만족스러운 별명이었다. 정치도 개그처럼 유쾌해질 필요가 있다. 그동안 우리 정치는 냉소만 받았지 국민에게 따뜻한 웃음을 주지는 못하지 않았는가.

하지만 토론회나 인터뷰 때 상대 혹은 국민을 웃기려는 의도는 전혀 없었다. 평상시처럼 편안하게 말했을 뿐인데 그것이 웃음을 자아내기도 했던 것 같다. 나는 토론을 할 때에도 남이 알아듣기 힘든 비유나 수사, 애매모호한 표현은 쓰지 않는다. 친구들끼리나 주고받을 수 있는 농담과 알아듣기 쉬운 비유를 써서 이야기한다. '위엄' 있는 토론장에서 나처럼 말하는 정치인은 거의 없다. 대부분 자로 잰 듯이 정확하게 정치적인 답변을 한다. 하지만 그 속에서 솔직함을 찾아보기는 힘들다. 성실하고 진솔한 답변을 기대하는 국민들에게 이런 토론회는 지루하고 무미건조하게 느껴졌을 것이다.

어쨌든 나는 의도하지 않았지만 정치판의 개그맨이 되어 있었다. 경직된 사회와 정치 분위기로 인해 내 말과 행동이 더욱 튀어보였는지도 모르겠다.

인기 폭발! 경선의 만담가 이상희

일관된 주장 펼치는 모습에 격려의 박수 늘어

"너무 기다려져요. 데뷔하자마자 한국 코미디계를 평정하실 분. 계속 좋은 웃음을 기대합니다."(이상희 팬)

"사실 처음 토론회를 보면서 우스워 혼났습니다. 이유야 다 아실 테고요…. 경인방송 사회자는 아예 면박을 주더군요. 이제는 팬이 된 것 같아요. 푸근하고, 남에게 싫은 소리 못하고. 사람 냄새가 나요. 옆집 담배 가게 주인같이."(수원)

"남 헐뜯기 바쁜 다른 후보들과 달리 깨끗해 보이고 정책도 신선하시고. 과학이 살아야 나라가 부강해진다는 이 후보님 생각에 전적으로 동감합니다."(힘내세요)

한강에 네 명이 빠지면…

한나라당 대선후보 경선에 뛰어든 이상희 후보의 홈페이지(www.rsh.or.kr)에 요즘 갑자기 격려의 글들이 쏟아지고 있다. 그의 성적표는 보잘것없다. 인천경선(4월 13일)에서는 겨우 10표(0.7%)를 얻었다. 지역 연고가 있는 울산경선(18일)에서 31표(4.1%)로 도약했지만, 제주경선(20일)에서 다시 18표(3.7%)로 떨어졌다. 모두 알고 있듯 꼴찌다.

그의 경선출마 자체가 뜻밖이었다. 한나라당 안에서는 "분위기만 흐리는 게 아닌지 모르겠다."는 비아냥거림이 나올 정도였다. 그러나 사재를 털어 2억 원의 후보등록비를 내면서까지 출마를 결행했다. 이제 과학경제대통령이 나와야 할 때라는 것이 그 이유였다.

출발부터 다른 후보들과는 좀 달랐다. "색깔논쟁, 보혁논쟁, 필패론, 대안론 등 정치권의 정쟁적 대결을 지양하고 미래 지향적 정책대결에 주력하겠다."고 선언했다. 이후, 오로지 과학중흥을 외치고 있다. ●전자적 군복무제 도입 ●과학기술을 통한 제2의 국제통화기금(IMF) 사태 방지 ●과학기술로 안방에서 행정서비스를 받는 정부개혁 ●유학 않고 안방에서 세계 명문대학의 강의를 들을 수 있는 교육개혁 ●지하철 건설비의 10분의 1 가격에 건설 가능한 초경량 궤도열차(PRT)로 대중교통 문제 해결 등 깜찍하고 도발적인 정책도 내놓는다.

그는 또 독특한 언행으로 경선장 분위기를 확 뒤바꿨다. 4월 13일 첫 경선장인 인천실내체육관. 이부영 · 이회창 · 최병렬 후보가 잇따라 등장해 서로를 향해 '날'을 세웠다. 그러나 마지막으로 연단에 선 이상희 후보는 서영춘 등 유명 코미디언의 만담을 보는 듯한 파격적인 유세를 선보였다.

"당원 동지 여러분 제가 네 후보 중에 꼴찌라는 것 다 아시죠? 그런데 과학기술 대통령이 꼴찌가 돼서 되겠습니까?"

폭소가 터졌다. 굳은 얼굴로 앉아 있던 다른 세 후보도 참을 수 없다는 듯 웃음을 터뜨린다. 그러나 능청스레 자기주장을 펼치며 사퇴할 뜻이 없다고 외친다. 과학을 통해 국가 경쟁력을 높일 대통령이 필요한 21세기에 모든 후보가 정치적 공방에만 몰두한다고 비판한다. 자신이 사퇴하면 "안 그래도 갈 곳 없는 이과 출신들이 절망한다."는 좀 황당한 주장도 덧붙였다. 그는 이날 겨우 10표를 얻는 데 그쳤다.

그러나 결코 머뭇거리지 않았다. 그는 텔레비전 토론에서까지 파격과 동문서답, 엉뚱하고 생경한 말들을 늘어놓는 괴짜로 등장한다. 첫 선을 보인 4월 11일 밤 한국방송 대선후보 정책토론회. 사회자가 노풍에 대해 묻자 "네, 노무현 후보도 2번이고 저도 2번입니다. 둘 다 부산 출신입니다. 그래서 저도 그만큼 지지를 받을 수 있습니다."라고 대답한다. 너무 태연했다. 토론자가 다른 세 후보와 대화를 집중한다 싶으면 "세 사람은 문과 출신이고, 저만 이과 출신이라서 발언 기회가 안 오네요."라고 비꼬았다. "대통령이 되면 의사, 약사, 제3자 중 누구를 보건복지부 장관에 임명할 것이냐?"는 자신의 질문에 이회창 후보가 "제가 대통령이 되었을 때 말이죠?"라고 되묻자 천진하게 입을 연다. "네, 축하합니다."

파격은 나날이 발전한다. 4월 15일 SBS 후보자 토론회. 다른 후보들이 모두 그럴듯한 출마의 변을 밝혔다. 그런데 그의 입에선 뜻밖의 말이 튀어나왔다. "여러분, 제가 퀴즈 하나 내겠습니다. 한강에 네 명이 빠졌답니다. 진보, 중도, 개혁, 그리고 과학. 그런데 119가 와서 누구를 건졌는지 아십니까?" 사회자는 물론 다른 후보들도 모두 곤혹스런 표정을 지었다. 그는 계속 내질렀다. "과학을 건졌답니다. 국가경제를 생각해서. 이제 과학을 아는 경제 대통령이 필요한 때입니다."

4월 18일 울산경선 뒤에 벌어진 문화방송 〈100분토론〉에서는 "선거인단 구성을 보면 이공계는 없다."고 불공정 시비를 제기했다. "이부영 총재께서는…"이라는 질문에 이부영 후보가 "저는 총재가 아닙니다."라고 정정하자 그는 "앞으로 총재가 되시라는 얘깁니다." 하고 능청스레 되받아친다. 비아그라의 사례를 들어 과학중흥의 중요성을 설명하고 전자적 군복무제로 젊은이들의 관심을 끌어내기도 한다.

파격인 만큼 논란도 많았다. 초반 온라인상에서는 왜 출마했는지 모르겠다는 비난과 모든 문제를 과학으로 해결하려는 환원주의에 빠졌다는 비판, 차라리 코미디계에 데뷔하라는 조롱이 이어졌다. 급기야 그를 '아톰 할배'로 부르고, 과학경제대통령론을 설파하는 그를 빗댄 '이상희 시리즈'라는 유머까지 유행하기에 이른다.

시리즈 한 토막.

사회자 : 기호가 2번이고 부산 출신이라서 노풍을 꺾을 수 있다고 하셨는데.

이상희 : 논리적으로 아무 하자 없습니다. 과학적으로도 완벽합니다.

사회자 : 사이버전사론을 계속하시려는지?

이상희 : 제가 폐결핵으로 군대를 면제받아서 가슴이 약합니다. 그러니 손끝에 힘이….

온라인 팬클럽 성황

그러나 시간이 지나면서 남을 의식하지 않고, 타인을 비판하지 않고, 과학을 통한 경제력 부흥이라는 화두를 물고 늘어지는 그를 지지하는 목소리가 차츰 커지고 있다.

"버릇이 되어 총재님, 총재님 하는 후보보다, 측근이냐 아니냐 하는 것보다, 같이 알고 있으면서 왜 오늘 그러느냐는 것보다, 정치 냄새 없는 순박한 과학자가 더 돋보였다. 몇 표 못 얻으면 어떻습니까. 귀하가 갖고 있는 과학에 대한 소신을 피력하세요."(상희사랑)

"권력에 대한 욕심보다 나라의 비전을 제시하기 위해 조롱을 무릅쓰고 의로운 길을 가는 모습이 참 보기 좋습니다."(박경석)

특히 엔지니어, 연구원 등 이공계 출신들의 글이 쇄도하고, 온라인상에 이상희 팬클럽(freechal.com/leessamo.cafe.daum.net/leesanghee)까지 등장했다. 요즘 그의 홈페이지에는 어떤 조롱이 있더라도 사퇴하지 말고 끝까지 과학중흥을 외쳐달라는 주문이 끊이지 않는다. 강퍅한 정치공방이 거듭되는 경선장과 황량한 언어들이 판치는 텔레비전 후보 토론회. 우스꽝스럽지만 일관된 주장을 펼치는 그의 태도에서 진지함과 신선한 감동을 느끼는 역설적 상황은 이런 정치판의 현실과 결코 무관하지 않다.

독립운동 하는 자세로 외친다

이상희 후보는 최근 쏟아지는 갈채에 상당히 신이 났다. "팬클럽도 생기고, 과학중흥 소신을 끝까지 밝히라는 성원도 잇따르는 만큼 중도에 포기하는 일이 없을 것"이라며 "표에 신경 쓰지 않고 독립운동 하는 자세로 과학경제 대통령론을 계속 역설하겠다."고 말했다.

아직도 왜 나왔는지 의문을 품는 사람들이 있다.

- 최근 북한 〈노동신문〉이 '과학중시 사상 틀어쥐고 강성대국을 이루자.'고 썼다. 난 처음부터 이 생각으로 뛰어들었다.

모든 것을 과학으로 해결하려는 환원주의라는 비판도 있는데.

- 알다시피 난 3년 반 동안 병을 앓았다. 병을 고친 것은 법도 이념도 아닌 약이다. 과학이다. 나라 병도 이념이나 법이 아니라 과학으로 잡아야 한다. 과학을 중흥해 경제를 살리고 복지를 확대하는 쪽으로 가야 한다. 그런데 정치를 인문계가 독식하고 있다.

정치진출을 제도가 막지는 않았다.

- 물론 그렇다. 하지만 적절한 균형을 유지해야 하는데 완전히 씨가 말랐다.

온라인상에서 인기가 급상승한 이유를 어떻게 해석하나.

- 꼴찌에 대한 갈채, 정치 변화를 요구하는 20~30대의 의사가 반영된 것이다. 나는 지난 16년 동안 여름, 겨울 두 번씩 대학생들과 연수를 다니며 그들과 호흡하려 애썼다.

경선에서는 표가 안 나오는데.

- 내 주장에는 과거식 정치가 없다. 미래 문제에만 집중하다 보니 지지가 적다. 미래는 아직 인기가 없다. 또 선거인단에 이공계가 없고, 20~30대도 없다.

그들이 선거인단 신청을 안 했다.

- 그건 결과일 뿐이다. 한나라당은 구태의연한 당 조직을 개선하지도 못했고 과학을 중시하지도 않았다. 변화를 게을리 해 외면당한 것이다.

솔직히 경선에서 현실적 목표가 뭔지 궁금하다.

- 시대적 요구가 뭐냐, 젊은이들이 뭘 원하느냐. 그 신념을 관철하면 된다. 독립운동 하는 자세로 임하고 있다.

파격과 코믹스런 언행에 찬반이 엇갈리는데.

- 그저 자연스러운 것일 뿐이다. 사람들은 정치인의 공방과 싸움에 질려 있다. 정치인들도 그만 권위의식과 형식주의를 털어야 한다. 그 길을 가고 있다.

정말 끝까지 가나.

- 표를 받기 위해 이러는 게 아니다. 독립운동 하는 사람이 그런 것을 생각했겠냐. 내가 안 돼도 다음 대통령은 반드시 나 같은 생각을 가진 사람, 과학경제대통령이 나와야 한다. 밀알이 될 수만 있다면 만족한다. 끝까지 간다.

〈2002년 4월 24일 한겨레21〉

"사랑하는 정치 꿈나무들이여! 히딩크는 축구도 과학이라고 말했습니다. 진정한 정치야말로 과학입니다. 과학은 희망과 창조를 키우는 정치입니다."

인터넷 세상에서 미래를 보다

아무리 '마음은 언제나 청춘'을 외쳐도 인간이라면 몸이 있기 때문에 피곤을 느끼는 것은 당연한 일이다. 나는 거의 매일 당일 코스로 경선장을 돌고 심야토론까지 끝낸 후 파김치가 되어 집에 돌아오곤 했다. 몸 전체에 피곤이 퍼질 때면 공허함이나 허무함 같은 것이 함께 밀려올 때도 있었다. 부귀영화를 누리려고 함부로 날뛰는 것도 아닌데 내가 왜 이런 고생을 사서 하고 있는지 모르겠다는 자책도 들었다. 곤히 잠든 가족들의 모습을 바라보고 있으면 마음이 어수선해졌다. 그럴 때는 내가 그토록 좋아하는 시를 외워도 위안이 되지 않았다.

하지만 마치 아주 멀리 떨어진 외딴섬에서 고향을 그리는 것 같은 아련한 아픔들은 경선이 진행되면서 차츰 사라져 갔다. 약으로는 결코 치유할 수 없는 근본적인 허무감을 달래준 것은 바로 네티즌들의 격려와 지지였다.

40~50년에 이르는 나이 차이에도 불구하고 네티즌들은 때로는 부족한 자식을 보듬어 안는 자상한 부모처럼, 때로는 아무런 대가를 바라지 않고 사랑하는 이를 배려하고 용기를 북돋아주는 연인처럼, 어려울 때 찾아가도 언제나 반갑게 맞이하는 고향의 벗처럼 나를 이해하고 격려하고 지지해 주었다.

패기와 열정으로 가득한 젊은이들의 응원은 무엇과도 바꿀 수 없는 기쁨과 감동, 그리고 힘을 주었다. 덕분에 나는 동료 의원들의 부러움을 한 몸에 받았다. 그들은 내게 묻곤 했다.

"이 의원님은 갈수록 힘이 나 보이십니다. 비결이 뭡니까?"

물론 나는 알고 있었다. 네티즌들이 나를 격려하고 지지하는 이유는 이상희 개인이 좋아서가 아니라는 것을. 그들의 마음속에는 개인을 넘어선 보편성이 있었다. 내가 나 자신을 뛰어넘어 지향하고 있는 꿈과 뜻이 네티즌들의 공감을 불러일으킨 것이다.

우리는 마음과 마음으로 그 꿈을 나누었다. 우리 정치가 이대로는 안 된다는 것에 동감했다. 우스갯소리처럼 가볍게 이야기했지만 네티즌들은 그 안에 깊은 의미가 담겨 있음을 알아주었고, 왜 이 시대에 과학기술이 절실하게 필요한지 이해했다. 꼴찌에게도 귀를 기울일 줄 아는 여유와 순수를 네티즌들은 가지고 있었다. 존중되어야 할 소수의 의견을 소중히 할 줄 알았던 것이다.

경선을 위해 전국 각지를 돌아다니면서도 네티즌들과 만나야겠다고 생각했던 것은 그런 이유에서였다. 그러나 오프라인 만남은 시간과 공간의 제약이 있어서 결국 화상토론을 하기로 했다. 정치인이 가장 바쁘게 움직여야 할 선거 기간에 컴퓨터와 카메라 앞에 앉아 네티즌들을 만난다는 것은 결코 쉬운 일이 아니다. 그래서인지 많은 네티즌들이 궁금해 했고, 실시간 대화방은 항상 전국의 네티즌들로 북적거렸다. 처음에는 어찌나 많은 질문이 쏟아지는지 깜짝 놀랐다. 어떻게 답을 다 해주나, 하는 걱정 아닌 걱정을 하기도 했다.

그러나 그런 고민은 이내 사라졌다. 사회를 맡은 친구가 실시간 대화창을 통해 올라오는 질문들을 정리해 주면 나는 화면을 통해 네티즌들에게 그에 대한 대답을 해주면 되었던 것이다. 과학기술처 장관과 국회 정보통신위원회 위원장을 지낸 나였지만 인터넷을 자주 이용하지 않아서 용어를 잘 몰라 웃지 못할 해프닝이 일어나기도 했다. "주로 사용하시는 검색엔진은 무엇인가요?" 하는 질문에 "요즘 내가 경선 때문에 정신이 없어서."라고 대답하자 즉시 "인터넷을 잘 모르시나 보군요." "검색엔진이 뭔지 모르시나요?"

하는 댓글이 마구 올라온 것이다.

그럼에도 불구하고 나는 젊은이들과 신선하고 활력 넘치는 대화를 나누는 것이 좋았다. 재미있는 놀이를 처음 해본 아이처럼 즐겁고 신이 났다. 사이버공간이라는 특성 때문에 네티즌들은 매우 직설적인 표현을 써서 글을 쓴다. 그들이 인터넷 게시판에 올리는 격려와 응원의 글들은 그래서 더욱 절실하게 와 닿았다.

네티즌들과는 인터넷으로 두 차례 실시간 토론을 벌였다. 방송장비를 통해 네티즌들과 마주 보며 직접 대화를 나누었다. 네티즌 한 명 한 명이 내게는 소중했다.

네티즌들의 질문은 전자군복무제에 대한 것과 이공계 인력문제에 대한 것이 주를 이루었다. 국방 관계자들은 기존의 국방체제를 굳게 지키려 하고 있었다. 전자군복무제도가 그들에게는 낯선 개념이었던 것이다. 그러나 시대를 앞서 나가려 하고, 변화에 유연하게 대처하는 젊은 네티즌들조차 온라인 국방체계에 대해서는 아직 확신을 갖지 못했고 심지어 불필요하다고 생각하는 듯했다.

나는 네티즌들에게 말했다.

"이스라엘은 여성들이 의무장교, 통신장교 등 고급 장교 직을 맡아 훌륭하게 일을 해 나가고 있다. 우리도 여성군복무제도를 고려해 볼 수 있다."

내 말을 들은 네티즌들은 다소 술렁이는 모습을 보였다. 젊은 네티즌들은 기성세대들과는 달리 깊이 생각하고, 다양한 관점으로 유연하게 접근한다. 창조적인 아이디어를 실행에 옮기기 위해서는 이러한 다양성과 유연함이 필요하다. 전자정부법 제정을 주도하며 전자민주주의를 강조했던 이유도 국민들의 사고를 바꾸고 정치에 참여시키기 위해서였다. 경직된 정부시스템과 관료적인 사고는 국민들과의 쌍방향 민주주의가 이루어지는 것을 막을 뿐이다.

인터넷 화상토론 이후 '과사모(과학을 사랑하는 사람들의 모임)'가 만들어지고 다음 카페에서도 나를 지지해 주는 모임이 결성되었다. 그 전에 있었던 '상희사랑'도 보다 활발하게 활동하고 있다는 이야기도 들렸다. 나는 경선을 치르는 동안 이들 커뮤니티에 들어가 네티즌들이 올린 글을 보는 것으로 하루 일과를 마무리하곤 했다.

경선이 중간에 이르자 내 개인 홈페이지에 접속하는 네티즌의 수가 예전의 100배를 넘어섰다. 꼴찌 이상희를 주목하는 국민들. 그만큼 국민들은 정치가 변화하기를 간절히 원하고 있었던 것이다.

네티즌들의 열광적인 반응은 꼴찌인 데다 정치논쟁을 하지 않아 언론의 관심에서 벗어나 있는 나를 새로운 관심의 대상으로 끌어올리기도 했다.

나는 젊은이들의 소리 없는 메시지를 들으면서 우리 미래에 대해 희망을 갖게 되었다. 같은 눈으로 미래를 바라보고 현안들에 대해 공감하는 젊은이들, 보다 더 창의적인 생각들로 무장되어 있는 젊은이들과 이공계 종사자들이 내게 큰 힘과 용기를 주었다. 그 숫자나 세상에 미치는 영향, 그리고 사람들의 반응이 어마어마한 다른 조직들에 비하면 보잘것없이 작을지 몰라도 비정치적이고 스스로 모였다는 점에 무엇보다 바꿀 수 없는 소중한 의미가 있었다.

나는 비록 경선에서는 꼴찌였지만 인터넷 세상에서는 가장 행복한 승자였다.

마침내 후보 경선 과정을 모두 마쳤을 때 정치부 기자들의 입에서는 다음과 같은 말들이 흘러나왔다.

"한나라당 대통령 후보 경선에서 제일 수지맞는 장사를 한 사람은 이상희 후보다."

"이 후보의 주장이 먹히는 시대가 하루빨리 와야 해."

"전자군복무제 등이 특히 젊은이들에게 많은 관심을 끌었지."

이제 정치 일선에서 물러난 나는 우리 언론이 창조적 두뇌입국을 주장하는 대통령에 대한 기사를 적극적으로 다루는 때가 오기를 간절한 마음으로 기다릴 뿐이다.

"사랑하는 미래의 주인공 여러분! 그 나라의 과거는 박물관, 그 나라의 오늘은 시장, 그 나라의 미래는 젊은이들을 보면 알 수 있다고 합니다. 우리의 미래를 만들어 가는 것은 바로 여러분입니다. 여러분의 생각과 의지입니다."

대의와 명분이 분명하면 일은 반드시 이뤄진다

대통령 선거를 치르고 약 1년이 지난 2003년 11월 대한변리사회 회장단이 나를 찾아왔다.

그들은 내게 지적재산 경제전쟁이라는 세계경제의 흐름 속에서 국가의 지적재산권 발전과 경쟁력 강화를 위해서는 임의단체인 변리사회를 법정단체로 만들 필요가 있지 않겠느냐고 말했다. 충분히 공감이 가는 이야기였다. 그들은 현행법을 개정하기 위해서는 입법 경험이 많은 사람이 있어야 하는데 내가 적임자라며 회장으로 모시고 싶다는 의사를 밝혔다.

사실 나는 20여 년간의 공직생활을 마무리하고 좀 편하게(?) 지내고 싶었다. 그러나 내 한 몸 편하게 지내자고 변리사회 집행부의 간곡한 요청을 거절할 수는 없었다. '세계 지적재산 경제전쟁' 은 거부할 수 없는 시대의 흐름이었던 것이다. 나는 나라를 위해 할 수 있는 내 일이라고 생각하고 그들의 제의를 받아들였다.

미국, 일본을 비롯한 선진국은 이미 지적재산을 국가 경쟁력의 핵심으로 인식하고 이를 기반으로 세계경제를 손에 쥐려는 전략을 밀어붙이고 있었다. 지적재산권 경제전쟁에서 이기기 위해서는 우리도 하루빨리 국가와 국민이 힘을 모아 노력해야 할 시점이었다.

그러나 변리사회를 법정단체로 만들기 위한 과정은 그야말로 험난하기만 했다.

첫째, 지적재산권에 대한 국민들의 인식이 너무나 미약해 공감대가 형성되지 않았다.

둘째, 정부는 변리사회를 법정단체로 만들기 위한 법 개정을 지지하는 여론이 없고 정부의 정책과도 맞지 않는다는 태도를 보였다.

셋째, 일부 변호사가 '한국법조변리사회' 라는 임의단체 설립을 추진하고 있었다.

넷째, 국회 법사위 위원들 대부분이 변호사여서 직업의 영역이나 범위에 대한 갈등이 있었다.

나는 이와 같은 단단한 벽을 깨기 위해 '한 · 중 · 일 특허공동체' 관련 국제회의를 서울에서 열고 우리 언론이 중국과 일본의 변리사협회 회장을 인터뷰할 수 있는 자리를 마련했다. 또 미국, 영국, 독일, 프랑스 등을 차례로 방문해 양국 변리사협회 사이의 협력관계를 튼튼히 하면서 관련 내용이 해외에 있는 한국 특파원을 통해 국내에 보도되도록 노력했다. 동시에 보도내용을 정리해 관련 정부기관과 국회의원들에게 전해 주는 일도 게을리 하지 않았다.

당시 내 마음을 무겁게 했던 것은 정부의 핵심인사와 국회의원들을 직접 방문해 설득하는 일이었다. 그러나 더 괴로웠던 것은 일부 회원이 법 개정 과정에서 '변리사는 특허, 실용신안, 의장 또는 상표에 관한 사항에 관하여 소송대리인이 될 수 있다.' 는 변리사법 8조가 훼손될지 모른다고 걱정하는 것이었다. 또 다른 회원들은 인격을 모욕하는 글을 이메일로 퍼뜨리기도 하고, 공식회의 석상에서 회장직을 내놓고 물러나라고 요구하기도 했다.

한편 국회 법사위원회의 일부 변호사 출신 의원들은 국가적으로 변리사회를 법정단체로 만들 필요가 있다는 것을 강조하면서 법안이 통과되도록 도와주었고, 변리사회 임원진은 한 몸이 되어 나에게 힘을 실어주었다.

결국 많은 분들의 도움으로 2006년 2월 '변리사법개정안' 이 국회를 통과했다. 제32대 회장 임기를 마친 후에서 정말 감사한 마음이 들었다. 당시 나는 '대의와 명분이 분명하면 일은 반드시 이루어진다.' 는 사실을 다시 한 번 느꼈다.

"사랑하는 미래의 정치 지도자 여러분! 앞으로 다가올 미래는 지식재산전쟁 시대입니다. 승자가 되기 위해서는 먼저 지적재산에 대해 충분히 알아야 하고 그다음에 국가체제를 지식재산경영체제로 개혁해야 합니다."

정치인이 된 것은 과학한국의 꿈을 이루기 위해서다

1 

2 

1 과학정보통신 상임위원장으로 활발한 활동을 펼치는 모습. 당시 과학정보통신위원회는 어느 상임위원회보다 창조적인 아이디어를 많이 내놓았다.

2 1998년 10월에 열린 정책토론회. 여야 의원들이 함께 과학기술의 미래를 논하는 뜻깊은 자리였다.

3 2000년 10월에 열린 발명의 날 기념행사. 한국발명진흥회 회장으로 연단에 올라 "1인 1발명 시대를 활짝 열어 중국의 머리가 되자."는 내용의 연설을 하다.

3

4

5

4 1999년 6월 미국 과학위원회 간사를 맡고 있던 조지 브라운 하원의원과 함께 과학기술의 중요성과 지구촌의 미래에 대해 논하다.

5 언론인들과의 인터뷰에서. "우리의 미래는 과학기술에 달려 있습니다."

Part 03

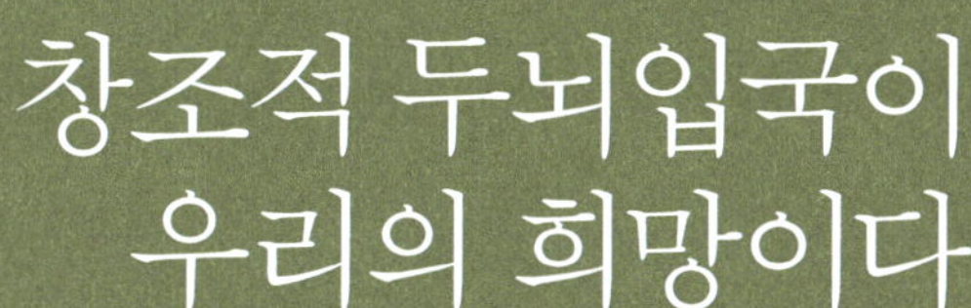

창조적 두뇌입국이 우리의 희망이다

나는 앞으로 어떤 어려움이 닥쳐도
결코 포기하지 않을 것이다.
내 남은 삶을 과학꿈나무를 육성하고
이공계를 살리는 데 바칠 것이다.
그것이 우리나라가 지적재산권을 앞세운
선진국들의 경제침략을 물리치고
살아남을 수 있는 유일한 방법이기 때문이다.

우리가 이어받아야 할 정신

나는 16대 국회의원을 끝으로 의정활동을 마친 후에도 한국우주소년단 총재로, 대한변리사협회 · 세계사회체육연맹(TAFISA) · 한국U-러닝교육학회 회장으로, 지식재산포럼 공동대표로 바쁘게 살아왔다. 누군가의 말처럼 세계는 넓고 할 일은 많았다. 나는 세계 여러 나라를 돌아다니며 우리나라의 위상에 대해 다시 생각해 보게 되었고, 앞으로 내가 할 일이 무엇인가를 좀 더 분명히 알게 되었다.

그동안 '정치권에서의 왕따' 를 감수하며 '독립운동 하는 마음' 으로 과학기술의 중요성을 소리 높여 외쳐 왔지만 귀담아듣는 사람은 많지 않았다. 오히려 '과학으로 모든 것을 해결하려고 한다.' '과학만능주의에 빠져 있다.' 는 비난까지 들었다.

그래도 나는 행복하다. 열정을 다해 소신껏 해야 할 일이 있기 때문이다. 이런 나를 두고 한 언론인은 "이상희의 주장은 16세기 과학천재 갈릴레이의 독백 '지구는 그래도 움직인다.' 를 생각하게 한다." 고 말했다.

나는 앞으로 어떤 어려움이 닥쳐도 결코 포기하지 않을 것이다. 내 남은 삶을 과학꿈나무를 육성하고 이공계를 살리는 데 바칠 것이다. 그것이 우리나라가 지적재산권을 앞세운 선진국들의 경제침략을 물리치고 살아남을 수 있는 유일한 방법이기 때문이다.

사실 우리는 위대한 문화유산을 많이 갖고 있는 민족이다. 우리민의 독특한 전동유산 중에는 우리의 얼을 형상화한 한글이 있고, 고도의 수학적 원리와 음양의 이치를 담은 전통 건축이 있다. 또 기하학의 원리를 적용하여 당대의 정신문화를 대변한 석굴암이 있고, 중국도 흉내 내지 못했던 도자기들이 있다.

이러한 위대한 유산들은 모두 기술자였던 '장인' 들의 손끝에서 나왔다. 그들은 이름 하나 제대로 남기지 못했지만 묵묵히 기술을 배우고 익혀 소중한 우리의 문화를 일구어냈다.

과학자와 공학자들을 극진하게 대접하고 적극 후원하여 나라의 살림을 살찌운 세종대왕은 과학경제의 왕이었다. 물의 높낮이를 재는 측우기, 천체 관측 기구인 혼천의와 해시계, 물시계 등을 만든 것도, 농업기술과 약학에 관한 책을 펴낸 것도 바로 이때였다.

또한 이순신 장군은 거북선을 만들어 위기에 처한 나라를 구했다. 이는 '공학적인 마인드'를 지닌 이순신이라는 탁월한 지도자와 수많은 기술자들이 있었기에 가능한 일이었다.

러일전쟁을 승리로 이끈 도고 제독은 일본인들의 우상이다. 일본의 초등학교 학생들에게 가장 존경하는 인물이 누구냐고 물으면 도고 제독을 첫 손가락에 꼽는다고 한다. 그러나 그는 러일전쟁 승리 후 일본인들이 자신을 세계에서 가장 위대한 인물이라고 추켜세우자 다음과 같이 말했다고 한다.

"내가 넬슨 제독보다는 나을지 모르지만 이순신 장군보다는 나을 것이 없다."

도고 제독은 그 이유로 세 가지를 들었다.

첫째, 자신은 일본 국민들의 아낌없는 지원에 힘입어 승리했지만 이순신 장군은 전혀 지원을 받지 못하는 상황에서도 과학기술의 개가라 할 수 있는 거북선을 개발하고, 물살을 이용한 치밀한 전략으로 승리를 거두었다. 둘째, 자신은 러시아 무적함대와 엇비슷한 전력으로 승리를 얻었지만 이순신 장군은 일본 수군의 채 10%도 안 되는 열악한 전력으로 승리를 거두었다. 셋째, 자신은 이렇게 살아 돌아와 영광을 얻었지만 이순신 장군은 마지막 해전에서 총을 맞고도 병사들의 사기가 떨어질 것을 염려해 싸움이 끝나기 전까지 자신이 죽었다는 사실을 알리지 못하게 했고, 결국 전쟁을 승리로 이끌었다.

나는 도고 제독이 말한 이순신 장군의 위대함 중에서 첫 번째, 거북선을 제작한 과학적이고 창의적인 사고에 주목한다. 그것은 일본에 비해 어느 면으로 보나 열악했던 상황을 극복할 수 있는 결정적인 발상이었다. 이순신 장군은 난국을 헤쳐 나갈 방법으로 과학적인 사고와 기술을 이용할 줄 아는 분이었던 것이다.

그러나 당시 사대부들은 이순신 장군을 시기하고 모함하며 목숨까지 빼앗으려 했다. 참으로 수치스러운 일이 아닐 수 없다.

우리들의 몸속에는 두 가지 피가 흐르고 있다. 하나는 자신이 속한 당파의 이익을 위해 논쟁을 일삼던 피요, 또 하나는 과학기술로 나라를 살찌우고 열악한 상황에서도 온갖 지혜를 짜내 외세에 대항했던 피다.

우리들이 이어받아야 할 피와 정신은 과연 어떤 것일까?

"자랑스런 이순신 장군의 후손들이여! 여러분의 머리와 핏속에는 이순신 장군이 혼이 스며들어 있습니다. 제2, 제3의 이순신이 되어 지적재산 경제전쟁을 승리로 이끕시다."

과학기술이 앞선 나라가 선진국이다

부산이 고향인 나는 바다를 좋아한다. 마음이 답답할 때 바다를 보고 있으면 속이 후련해지고 막혔던 생각도 풀린다. '물살의 깊은 속을 항구는 알까' 라는 노랫말도 있지만 사람들은 자기 자신의 이익에 얽매여 큰 것을 보지 못하는 경우가 많다. 앞에서도 말했듯이 사람은 누군가가 어깨를 받쳐주어야 똑바로 설 수 있다. 나보다 못한 사람, 어려운 처지에 있는 사람들을 도와주고 함께 세상을 살아갈 때 우리의 삶은 좀 더 풍요로워지고 행복해지는 것이 아닐까.

나는 지금까지 우리나라에 과학기술이라는 씨앗을 심고 뿌리를 튼튼히 하기 위해 노력해 왔다. 21세기의 최대 자원은 바로 기술력이기 때문이다. 다시 말해 고부가가치 상품인 것이다. 전통문화를 오늘에 맞게 재탄생시키는 예술적 감성의 기술이 첨단과학기술과 만나 다시 태어나고 세계화된다. 백남준의 비디오 아트는 예술과 첨단과학이 만들어낸 걸작이라고 할 수 있다. 그는 기존의 형식과 틀을 과감히 깨고 새로운 시도를 거듭한 끝에 '비디오 아트'라는 창조적인 영역을 개척해 냈고, 그 분야의 일인자가 되었다.

기술자들의 이름은 기억하지 못해도 그들이 만든 기술의 가치는 알아야 한다. 기술의 가치를 모르면 결코 부강한 나라가 될 수 없기 때문이다. 과학기술이 국가의 부흥에 얼마나 중요한 역할을 하는가는 여러 나라의 역사를 통해서도 알 수 있다.

'미국 민주주의의 아버지'로 불리는 제3대 대통령 토머스 제퍼슨은 위대한 정치가이면서 동시에 과학자이며 발명가였고, 한때는 특허청장을 지내기도 했었다.

제16대 대통령 링컨은 스스로 학비를 벌어 공부하면서 변호사 자격증을 땄다. 그는 "유럽을 이기는 길은 결국 기술력에 있다."며 기술은 "머리에서 만들어진다."고 말했다. 100여 년 전에 이미 과학기술의 중요성을 인식하고 있었던 것이다. 1861년 해군성은 남북전쟁이 일어나자 각종 신무기 등에 대해 과학적으로 검토할 필요가 있다는 생각에 과학위원회를 구성했다. 이어 연방의회에서 법안이 통과되었고, 링컨은 즉시 이를 승인하여 NAS(National Academy of

Sciences, 미국과학한림원)를 발족시켰다. NAS의 직접적인 뿌리는 매사추세츠 주 케임브리지대학교의 과학자 모임이다. 이들은 1853년부터 정기 모임을 갖고 여러 가지 과학적 문제를 연구하며 토론을 벌여 왔다.

현재 NAS는 주로 정부 각 부처에서 요구하는 과학이나 기술 문제에 대해 연구 · 조사 · 실험을 하고 그 결과를 알리는 일을 한다. 다루는 분야는 수학 · 천문 · 물리 · 기계 · 화학 · 지질과 고생물 · 식물 · 동물과 해부 · 생리와 생화학 · 병리와 세균 · 인류 · 심리 · 지구물리 등 13개다.

루즈벨트 대통령은 제2차 세계대전이 끝난 후 미국의 과학기술정책을 어떻게 이끌어 갈 것인가를 놓고 고민했다. 그는 카네기공과대학 학장인 반네바 부시(vanneva bush) 박사에게 그 대안을 물었고, 부시 박사는 미국의 과학기술정책과 대학의 연구, 그리고 고급 인재 양성의 기본 가이드가 된 〈과학 - 영원한 프론티어(science - The Endless Frontier)〉라는 보고서를 제출했다. 부시 박사의 보고서는 오늘날 미국이 첨단과학기술력을 지니고 대학을 세계 최고 수준으로 유지할 수 있게 하는 밑거름이 되었다.

지금 세계경제는 초강대국 미국이 주도해 나가고 있다. 미국을 경제대국으로 만든 것은 바로 과학기술이다. 과학기술을 통해 첨단

산업을 일구어 세계경제를 이끌어 나가고 있는 것이다. 이는 미국의 대통령들이 과학기술에 대해 올바른 인식을 가지고 현명한 판단을 내렸기에 가능한 일이었다. 한 예로 조지 부시 대통령은 과학기술 분야에 있어서 선진 7개국(G7)의 예산을 모두 합친 것보다 많은 예산안을 의회에 제출하기도 했었다. 대통령이 직접 나서서 경제의 뿌리인 과학 분야를 키우기 위해 온 힘을 기울였던 것이다.

프랑스의 드골 전 대통령도 “앞으로는 육지 자원이 부족해 해양에서 자원을 찾아야 할 것이고, 하늘을 지배하는 자가 국토방위는 물론 세계를 지배할 것이며, 석유 에니지의 고갈로 기술에너지인 원자력발전을 현실화하는 쪽으로 갈 것” 이라고 예견했다. 그는 소르본느대학교 총장이 학제 개편안을 가져오면 이 세 가지를 기준으로 개편 이유를 따져 물었던 것으로 유명하다. 오늘날의 기술강국 프랑스는 그렇게 만들어진 것이다.

지금 국가 경쟁력 1, 2위를 다투는 아일랜드와 핀란드, 그리고 스위스는 ‘경제의 뿌리는 과학’ 이라는 기치를 내걸고 과학기술 위주의 정책으로 경제위기를 극복하고 부국의 대열에 올랐다.

영국의 블레어 전 총재는 국가 제1의 정책이자 제2의 정책이 교육이라고 주장하며 특히 수학과 과학 교육을 최우선 정책으로 삼아 국민을 이끌었다.

싱가포르는 국민 보건과 함께 인터넷 인프라, e커머스를 국가 3대 정책으로 내세우고 국가 경쟁력을 키워 나가고 있다.

영재교육, 두뇌교육으로 세계적인 부국이 된 이스라엘 초대 대통령 바이츠만은 미생물학자였다. 그는 바이츠만연구소를 만들어 사막과 같은 황폐한 땅을 옥토로 만들었는데 실제로 유럽 여러 나라 국민들이 먹고 있는 값비싼 야채와 과일 중에는 이스라엘에서 재배된 것이 많다.

중국의 경우 후진타오 국가주석, 우방궈 전국인민대표회의 상무위원장, 원자바오 총리 등 중국을 움직이는 최고 결정권자 9명이 모두 엔지니어 출신이다. 중국은 장쩌민이 국가주석을 맡았을 때부터 '과교흥국(科敎興國, 과학교육으로 나라를 일으킨다)'의 기치를 내걸고 과학기술정책을 제1정책으로 삼아 국가경영의 기틀을 바로 세웠다. 중국이 미국을 위협할 정도로 급부상하고 있는 이유가 바로 여기에 있다.

세상은 빠르게 변화하고 있다. 하지만 우리는 그동안 너무 우물 안의 사고, 과거 지향적인 사고를 해왔다. 과거와 현재의 문제, 사건 등에 얽매여 미래에 관심을 두지 않았다. 그로 인해 변화하는 세계의 흐름을 보지 못하고 변화에 대한 준비를 제대로 하지 못해 과거에는 일본의 식민지가 되었고 1990년대에 들어서서는 IMF를 당한 것이다.

나는 2007년 10월 베네수엘라를 방문했을 때 과학부 장관을 만난 적이 있다. 교육부 장관을 역임한 그는 과학부가 새로 생기자 장관으로 발탁되었다. 원래는 1시간 정도 회의를 할 예정이었는데 그는 내 이야기가 흥미로웠는지 점심 전까지 시간을 내달라고 부탁했다. 자신이 과학부 장관으로서 고민하고 있는 문제들을 과기처 장관을 지내고 국회의원으로 활발한 입법 활동을 펼쳤던 내가 풀어줄 거라는 생각을 했는지도 모르겠다. 베네수엘라는 기름이 많이 나는 나라라 돈이 많기 때문에 경제적으로 교류하게 되면 우리에게도 득이 될 것 같아 좋다고 대답했다. 그러자 그는 아예 장관실 문을 걸어 잠그고 심각한 얼굴로 물었다.

"우리 중 · 고등학교 학생들이 이공계 진학을 기피하고 있습니다. 이 문제를 어떻게 하면 해결할 수 있을까요? 그동안 영국과 프랑스 등 선진국의 과학부 장관들을 만나 조언을 구했습니다. 하지만 그들 말처럼 장학금이나 병역특례를 준다고 해서 해결될 일은 아닌 것 같습니다. 제가 바라는 답은 당신 머리에서 나올 것 같습니다."

"학생들이 이공계 진학을 기피하는 것은 우리나라에서도 심각한 문제입니다. 베네수엘라에는 왜 과학부를 만들었습니까? 기름이 많이 나오기는 하지만 앞으로 돈은 지적재산인 머리에서 나오기 때문에 만든 것 아닙니까?"

"맞습니다."

"지금은 과학기술의 시대입니다. 영업은 기술영업 쪽으로 가고 있고, 정치는 기술정치, M&A는 첨단기술 M&A로 가고 있습니다. 대기업들이 첨단기술과 관련해 잠재적인 역량은 있지만 돈이 없어 어려운 입장에 처해 있는 기업과 전략적으로 합병하고 있는 것입니다. 농업사회에서는 인문계 인력이 중심이 되었고, 산업사회에서는 이공계와 인문계 인력이 비슷한 비중을 차지했습니다. 그러나 오늘날 두뇌사회에서는 창의력이 바탕이 되어야 경쟁력을 갖춘 인재로 성장할 수 있습니다. 따라서 인문계, 이공계로 나누지 말고 초등학교 때부터 물리 · 수학 · 화학 등을 공통필수과목으로 정해 중 · 고등학교 때까지 가르쳐야 합니다. 그래야 창의성이 개발되고 창의력이 나올 것입니다. 또 음악 · 미술 · 체육 등의 분야에 과학기술을 접목시키는 교육체제를 만들어야 합니다. 문화예술 분야에 과학기술을 접목시킨 것이 컴퓨터 아트이듯 결국에는 과학기술이 모든 분야를 뒷받침할 것입니다. 이공계 학생들은 물론 인문계 학생들도 재미있게 배울 수 있도록 인문계 요소, 특히 게임 요소가 많이 들어가 있는 교육 콘텐츠를 개발할 필요가 있습니다. 그런 교재를 만들려면 3D나 4D가 들어가야 하기 때문에 엄청나게 많은 경비와 뛰어난 인재들을 투입해야 할 것입니다. 하지만 다행히 베네수엘라에서는 기름이 나오지 않습니까. 기름을 수출해서 벌어들인 돈을 교육 콘텐츠 개발에 투자하십시오."

내 말을 유심히 듣고 있던 베네수엘라 장관이 크게 고개를 끄덕였다.

"굉장히 좋은 아이디어입니다. 고맙습니다."

"좋은 아이디어를 주었으니 교재개발은 우리나라에 맡겨주십시오."

"알겠습니다. 긍정적으로 검토하겠습니다."

"기업의 연구소도 자세히 살펴보면 연구 인원의 1/3 정도는 관리부서에서 근무하고 1/3 정도는 연구를 지원하는 부서에 근무하고 있습니다. 다시 말해 핵심 연구원은 몇 명 안 되는 것입니다. 특히 첨단기술과 관련된 연구를 하는 인재는 연구소에 한두 명 있을까 말까 합니다. 초등학교 저학년 때 적성검사를 철저히 해서 연구개발에 천부적인 재질을 보이는 아이들을 골라내 그에 맞는 영재교육을 실시하십시오. 그 아이들이 군대에 갈 나이가 되면 이스라엘처럼 군 복무 대신 특수부대나 영재부대에서 국방과학기술을 개발하도록 하십시오. 그러면 연구개발 문제도 해결하고, 국방 경쟁력도 갖출 수 있을 것입니다. 물론 일반 학생들에게는 보편적인 영재교육을 실시해야 한다는 것을 잊지 마십시오."

순간 베네수엘라 과학부 장관은 벌떡 일어나서 내 손을 잡았다.

"감사합니다. 제겐 정말 많은 도움이 되었습니다."

사실 그에게 한 말을 우리나라에도 해당되는 중요한 이야기다. 21세기는 과학기술력이 국가 경쟁력의 잣대가 되는 시대다. 과학기술로 새로운 경제를 재창조하여 국가경제를 다시 일으켜야 한다. 과학기술을 통해 정치, 경제, 사회, 문화, 환경, 교통 등 여러 분야의 문제를 해결할 수 있다.

우리는 지금 지식을 기반으로 하는 사회, 자율과 창의성이 중요시되는 시대에 살고 있다. 옛날 산업시대의 미덕인 근면, 협동, 절약에서 창의적인 1인 1발명운동으로 국민들의 경쟁력을 높여야 할 때인 것이다. 창의성은 바로 과학기술에서 나온다. 과학기술이 사회 모든 분야의 변화를 이루어내고, 보다 풍요로운 미래를 만든다.

사람의 병을 고치는 의술도 과학이다. 과학은 나라의 병도 고친다. 기술이 앞선 나라가 선진국이고, 뒤떨어진 나라가 후진국이다. 역사가 그것을 증명하고 있다. 더 말할 것도 없다. 과학기술이 우리를 자유롭게 할 것이다.

"사랑하는 과학 꿈나무들이여! 미래에는 과학이 공통필수과목! 과학기술의 창의성을 바탕으로 인문과학도 꽃피웁시다. 그러면 정치인들도 과학기술의 미래지향성, 합리성, 창의성을 바탕으로 국민을 행복하게 만들 것입니다. 미래를 바라보며 과학기술의 뿌리를 튼튼히 합시다."

지적재산권 전쟁은 이미 시작됐다

나는 지금 우리나라가 꼭 음식을 먹다 체한 것과 같은 상태에 있다고 생각한다. 현재 우리나라가 어려운 상황에 처해 있다는 것은 누구나 알고 있는 사실일 것이다. 그 이유는 무엇일까.

첫째, 정치 지도자가 맡은 역할을 제대로 하지 못했기 때문이다. 정치 지도자는 국민들에게 미래로 가는 길을 알려주어야 한다. 현실적으로 문제가 있다고 해서 잔소리만 퍼부어서는 안 된다.

둘째, 국민들의 의식이 성숙하지 못했기 때문이다. 한 나라의 정치 수준은 그 나라의 국민이 좌우한다. 우리 정치의 수준이 낮다고 하지만 대통령을 뽑은 것은 바로 우리다.

우리 사회에 소모적인 갈등이 많은 것은 머릿속의 생각이 과거의 문제에 얽매여 바닥을 헤매는 탓이다. 머리는 하늘의 태양처럼 사용하고 사람들과 관계를 맺을 때는 땅바닥의 그림자처럼 처신해야 한다. 그러면 남들과 기분 상할 일이 없을 것이다.

태양은 하나이지만 세상의 어두운 곳을 밝혀주어 모르는 것을 알게 해준다. 사회 지도층의 머리가 태양처럼 밝으면, 다시 말해 미래를 꿰뚫어보고 환하게 밝힐 수 있다면 조용조용히 말해도 많은 사람들이 따라올 것이다. 그러나 캄캄한 어둠 속에 있다면 아무리 고함을 질러도 따르지 않을 것이다. 악을 쓰게 되면 자연히 목에 힘이 들어가게 되고, 무리를 하면 목 디스크가 생긴다. 어디 그뿐인가. 머리를 거머쥐고 열을 올리면 두통이 생기게 된다. 이처럼 머릿속이 어두우면 점점 병이 들 수밖에 없는 것이다.

세계경제를 주도하는 지적재산권도 머리에서 나온다. 그동안은 물건, 주로 하드웨어를 만드는 지적재산권이 중요시되어 왔지만 앞으로는 소프트웨어 쪽의 지적재산권이 발전할 것이다. 그리고 더 나아가서는 문화와 관련된 지적재산권이 발전하게 될 것이다. 자동차산업 다음에는 항공우주산업, 그다음에는 영상산업, 게임산업 순으로 발전되어 온 것과 마찬가지다. 자동차산업과 항공우주산업이 하드웨어산업이라면 영상산업과 게임산업은 소프트웨어산업이다. 그런 점에서 인간의 두뇌 활동 결과물은 분야와 상관없이 모두 지적재산권화 할 수 있다.

앞에서도 말했듯이 세계는 이미 지적재산권 전쟁을 벌이고 있다. 우리나라의 2004년도 무역수지 흑자는 297억 달러였지만 핵심부품, 기초기술 등과 관련해 일본에 준 기술료는 235억 달러다. 그다음 해인 2005년도에는 무역수지 흑자가 237억 달러로 대폭 줄어든 반면 일본에 준 돈은 239억 달러로 늘어났다. 이런 추세는 계속되고 있다. 무역수지 흑자는 계속 줄어들고 일본에 지불하는 기술료는 올라가고 있는 것이다.

자기 땅을 가지고 있지 못한 사람은 소작농으로 농사를 지으며 빌려 쓴 땅값을 지주에게 바칠 수밖에 없다. 마찬가지로 지적재산권이 없으면 빌려 써야 하고, 기술료를 내야 한다. 지적재산권을 가진 사람이 곧 지주인 것이다.

과거에는 우리나라가 일본의 영토 식민지였지만 지금은 기술식민지, 지적재산 식민지가 되어 가고 있다. 많은 사람들이 독도가 우리 땅이 아니라고 하면 발끈하고, 한일 국가대표 축구경기가 열리면 열을 올리며 목이 터져라 응원하지만 서서히 일본의 기술식민지가 되어 간다는 사실은 모르고 있다. 지적재산을 수출하는 것은 군대를 보내 영토를 점령하는 것과 같다. 이제는 일본의 수군이 아니라 보이지 않는 바이러스 같은 지적재산이 들어와 요소요소를 점거해 이익을 챙겨 가는 시대임을 분명히 알아야 한다.

"사랑하는 과학두뇌 여러분! 여러분의 머리는 지적재산권 생산 공장입니다. 지금 여러분의 생산공장은 잘 돌아가고 있습니까? 지적재산권이란 제품이 여러분의 머리에서 잘 생산되고 있습니까? 우리의 두뇌를 세계 일류로 만듭시다."

우리가 수출해야 할 것은 무엇인가

예전에는 커서 무엇이 되고 싶으냐는 질문에 '과학자'라고 대답하는 아이들이 많았다. 나 또한 어렸을 때의 꿈이 과학자였다. 남들이 보지 못하는 무엇인가를 발견하고, 이 세상에 없는 새로운 것을 발명해 세상 사람들에게 도움을 준다는 것은 기쁘고 흥분되는 보람 있는 일이다. 하지만 지금은 과학자가 되겠다고 대답하는 아이가 별로 없다. 일부 이공계 대학생들은 사시공부를 다시 하고 있고, 우수한 학생들은 한의과 대학을 지망하는 것이 현실이다. 서울공대 커트라인은 갈수록 떨어지고 있다. 이런 상황에서 우리나라 경제는 앞으로 어떻게 될 것인가.

산업을 사람 몸에 비유해 유년기 · 장년기 · 노년기 등으로 나누듯이 경제도 계절에 비유해 봄 · 여름 · 가을 · 겨울로 나눌 수 있다.

예를 들어 불경기는 겨울이다. 그러나 겨울이 지나면 봄이 오듯 불경기는 계속되지 않는다. 여름을 거쳐 가을에서 겨울로 가는 것처럼 경기는 바닥을 친 후에는 호경기를 맞이하게 된다. 그리고 다시 여름과 같은 성수기를 맞이한 후에 내려가게 되어 있다.

따라서 지금이 어떤 계절인지, 추진하려는 산업이 어느 시기에 있는지 파악하여 그에 맞는 대책을 세우는 것이 중요하다. 지금 세계경제의 역사적 계절은 농업사회, 산업사회를 지나 두뇌생산성이 중요시되는 지식사회에 와 있다.

이런 이야기를 하면 무슨 증거가 있느냐고 묻는 사람들이 있지만 미국의 경우를 보면 알 수 있는 일이다. 1950년대만 해도 미국 자산의 80%를 차지한 것은 곡식이나 공장 생산품 등 유형자산이었다. 머리에서 나오는 무형자산은 겨우 20%에 불과했다. 그러나 지금은 무형재산이 80%를 차지하고 있다. 유형재산은 20%밖에 되지 않는다.

미국의 첨단기업 퀄컴사의 자산은 지적재산권이나 특허권 등 무형자산이 95% 이상이다. 우리나라 기업체 본사에 가보면 창업자의 동상이 있다. 직원들은 그분이 창업을 했기 때문에 먹고살 수 있다는 뜻에서 항상 창업자의 동상을 대하고 경의를 표한다. 그러나 퀄컴사 본사에 가보면 들어가는 문에 큰 동판이 새겨져 있는 것을 볼 수 있다. 동판에는 회사가 가지고 있는 지적재산권, 특허권 등이 적혀 있는데 직원들은 그것이 자신들을 먹여 살린다고 생각한다.

우리나라에서 엄청난 로얄티를 받아 가는 퀄컴사는 본사 건물은 신통치 않지만 지역사회를 위해서는 운동장을 만들어주는 등 아낌없이 돈을 쓰고 있다. 퀄컴사는 설립 초기에는 우리도 마음만 먹으면 살 수 있었던 회사였다. 누누이 말했듯이 미래를 읽는 눈이 없으면 이와 같은 일이 되풀이될 수밖에 없다.

국가경제와 집안경제는 같다고 볼 수 있다. 식구가 많은 집이 살아갈 수 있는 것은 상속받은 재산이 많거나 가장이 밖에 나가 열심히 일을 해서 돈을 벌어 오기 때문이다. 러시아는 시베리아에 있는 산림만으로도 한 세기를 먹고살 수 있다고 한다. 석유, 천연가스, 특히 우라늄은 전 세계에서 러시아가 가장 많이 보유하고 있다. 조상으로부터 물려받은 유산이 굉장히 많은 집안이라고 할 수 있는 것이다.

반면에 우리나라는 상속받은 재산이 없기 때문에 밖에 나가 무엇인가를 팔고 돈을 벌어 와야 가족들이 생계를 유지할 수 있다. 한때는 국민 모두가 수출역군이라고 떠들어댔지만 어느새 그 이야기는 사라져 가고 있다. 하지만 분명한 것은 무엇이든 수출하지 않으면 살아갈 길이 없다는 것이다.

역사의 환절기에 들어선 지금, 우리가 수출해야 할 것은 무엇일까. 농산품은 몇 개 품목을 제외하고는 이미 오래전에 경쟁력을 잃었고, 공산품은 갈수록 중국과의 가격경쟁에서 밀리고 있다. 자동차, 철강, 조선 역시 머지않아 중국에게 덜미를 잡히고 말 것이다.

결국 우리가 수출해야 할 것은 논밭이나 공장이 아니라 머리에서 나오는 지적재산이다. 우리 경제의 틀도 하루빨리 지적재산을 만들어 수출하는 방향으로 바뀌어야 한다. 그러기 위해서는 무엇보다 먼저 앞으로 어떤 사람이 되고 싶으냐는 질문에 과학자가 되겠다고 답하는 아이들이 많이 나오는 환경을 만들어야 할 것이다. 초등학교 선생님들이 반 아이들을 보고 "과학자가 되고 싶은 사람 손 들어!" 했을 때 너나 할 것 없이 "저요, 저요!" 외치며 그 작은 손을 뻔쩍 치켜드는 모습을 보고 싶다.

"사랑하는 '저요, 저요' 여러분! 과학기술의 뿌리를 튼튼히 하면 줄기는 무럭무럭 자라고 가지는 쭉쭉 뻗어서 사회에 도움이 되는 많은 열매를 맺을 것입니다. 과학기술을 바탕으로 지적재산권이란 열매를 풍성하게 수확하는 것이 나라 경제를 살리는 길입니다."

과학교육으로 나라를 일으키자

사람과 동물은 물론 식물도 숨을 쉰다. 숨을 쉬어야 살 수 있기 때문이다. 그런 의미에서 숨 쉬기 운동도 하나의 운동이라고 볼 수 있다. 요즘 무슨 운동을 하고 있느냐는 질문에 '숨 쉬기 운동' 이라고 대답하면 이상한 사람으로 보일지 모르지만 배로 숨을 쉬는 복식호흡이 몸에 좋다는 것은 잘 알려져 있는 사실이다. 최근에는 살을 빼는 데 효과가 있다는 말도 있다. 어쨌든 우리는 숨을 쉬어야 살 수 있다.

그러나 살아 숨 쉬는 것만이 생명체는 아니다. 기술 역시 하나의 생명체라고 할 수 있다. 태어나서 자라다 일정한 시간이 지나면 늙고 수명을 다하게 된다. 따라서 새로운 기술이라는 옥동자를 낳아야 하는데 그것을 관장하는 경찰서는 WTO(World Trade Organization, 세계무역기구)이고, 예하 파출소는 우루과이라운드라고 할 수 있다. 농업사회 때 선진국들은 농산품을 거머쥐고 WTO를 앞세워 "수입을 개방해라. 관세를 낮춰라." 강요했고, 산업사회로 접어들자 공산품을 거머쥐고 "왜 너희만 문을 닫았느냐, 소비세 받지 마라."고 간섭했다.

하지만 지식기반사회에 들어선 지금 선진국들은 지적재산권을 거머쥐려 하고 있다. 따라서 머지않아 WTO가 했던 일을 WIPO (World Intellectual Property Organization, 세계지적재산권기구)가 대신하게 될 것이다. 우리는 그렇게 중심축이 이동하는 것을 보면서 세계경제가 지식경제로 가고 있다는 것을 피부로 느껴야 한다. 나머지 것들은 부가가치가 없다.

우리 경제는 어떤가. 지식경제 쪽으로 가려면 연구개발비, 교육비가 많이 든다. 하지만 우리나라 연구개발비의 경제기여도는 미국의 1/20밖에 되지 않는다. 여전히 우리들은 하드웨어적인 쪽인 중화학, 자동차 분야에서 돈을 벌어들이고 있다. 지식재산권은 전혀 수출하지 못하고 있고, 그로 인해 우리 경제는 점점 더 어려워지고 있다. 숨 쉬기가 곤란해지고 있는 것이다.

그동안 우리는 안타깝게도 주로 금융과 재정을 담당하던 사람에게 경제부총리를 맡겨 왔다. 이제라도 기술을 아는 사람, 지적재산권을 아는 사람에게 그 일을 맡겨야 한다.

중국은 거대한 땅덩어리에 13억 가까운 인구가 살고 있지만 저임금과 자원을 내세우는 정책 따위는 펴지 않고 있다. 앞에서도 말했듯이 과교흥국, 즉 과학교육으로 나라를 일으키자는 것이 그들의 정책이었다. 그 이유는 첫째, 빠르게 변하고 있는 시대의 흐름에 발맞추어 미래를 예측하고 준비하여 절대 파이를 키우기 위함이었고 둘째, 이념에 따른 갈등을 창조적인 에너지로 바꾸기 위함이었다.

공산국가인 중국이 시장경제를 받아들이면서 생긴 가장 큰 문제는 서로 다른 이념들이 부딪쳐 갈등을 일으키고 있다는 것이었다. 소수민족이 많고 지역 간의 문화 차이가 심해 벌어진 일이었다. 부부싸움을 자주 하다 보면 결국 가정이 무너지는 것처럼 국가도 내부적으로 갈등이 있으면 발전하지 못한다. 개개인을 보더라도 마음이 갈등을 일으키면 목표에 집중하기 어렵다. 자신에 대한 확신이 있어야 도전정신도 생기는 것이다.

당시 중국은 이념적으로 공산주의를 깨끗하게 정립하고 부르주아적인 요소들을 걸러내면 갈등이 사라질 것이라고 판단했다. 문화혁명을 단행한 것도 그런 이유에서였다. 하지만 그들은 오히려 역사적으로 후퇴하는 결과를 얻고 말았다. 이때 실패를 통해 '밤이 있으면 낮이 있는 것처럼 찬성하는 사람이 있으면 반대하는 사람도 있어야 한다. 서로 다른 여러 민족과 계층의 다양한 논리를 모아 어떻게 오케스트라 연주처럼 아름다운 소리를 내도록 만드느냐 하는 것이 국가발전의 원동력이다.' 라는 사실을 깨달은 중국은 사고를 180도 전환했다.

과교흥국은 단순히 과학기술로 잘 먹고 잘살자는 정책이 아니다. 그 많은 이념적인 갈등을 창조적인 에너지로 바꿔주기 위한 국가경영의 지혜라고 할 수 있다. 많은 사람들이 '과학' 하면 물리, 수학, 화학을 떠올리지만 사실은 미래 지향적이고 합리적이며 창조적으로 사고하는 것이 바로 과학이다. 과학으로 막힌 부분을 뚫어주어 우리의 경제가 건강하게 숨을 쉴 수 있도록 해야 한다.

"사랑하는 꿈나무들이여! 과학기술로 우리나라가 중국의 머리가 되고, 중국은 우리의 몸통이 되면 정말 기분 좋겠지요. 반대로 우리가 중국의 꼬리가 된다면 얼마나 불행하겠습니까. 중국의 머리가 되도록 노력합시다."

창조적 두뇌입국이 우리의 희망이다

2007년 9월에 처음 선보여 그해 말까지 시청자들에게 큰 사랑을 받은 드라마가 있다. 바로 MBC에서 방영된 〈태왕사신기〉다. 나 역시 즐겨 본 프로그램 중 하나다. 만주를 정벌하는 등 고구려의 영토를 크게 넓힌 위대한 영웅 광개토대왕을 존경하지 않는 사람은 아마 없을 듯하다. 그러나 중국은 욘사마로 유명한 대표적인 한류스타 배용준이 광개토대왕 역을 맡아 방영 전부터 화제를 불러일으킨 이 드라마를 블랙리스트에 올려 자국 내 방영을 금지시켰다. 중국 안에서 전개된 모든 역사를 자국의 역사로 만들려는 그들 입장에서는 당연한 일일 것이다.

역사적으로, 지리적으로 우리와 밀접한 관계에 있는 중국은 결코 만만하게 볼 나라가 아니다. 과교홍국에서 과기흥무(科技興貿, 과학기술을 수출하여 무역을 일으킨다)로 정책을 바꾼 중국은 갈수록 우리에게 벅찬 상대가 되어 가고 있다.

사실 중국은 우리와 닮은꼴이라고 할 수 있다. 아니 오히려 우리보다 더 섬세하고, 악착같고, 상술도 더 뛰어나다. 기술특허를 지닌 기업은 중국에서 살아남았지만 저임금 정책을 쓴 기업은 거의 모두가 망해서 나왔다.

반면에 일본은 어떤가. 일본 역시 급부상하고 있는 중국을 두려워하고 있지만 그에 대한 대책을 분명히 세워 놓고 있다. 일본은 아시아 국가 중에서 가장 앞서 가는 나라, 글로벌화를 이루고 있는 나라다. 따라서 우리는 일본이 어떻게 이 문제를 해결해 나가고 있는지 주의 깊게 살펴볼 필요가 있다.

일본은 산업사회에서 정보화사회로 가는 과정에서 특히 지난 10년간 많은 고생을 했다. 하지만 그들은 악착같이 버티면서 10여 년을 고민한 끝에 드디어 방향을 잡았다. 중국보다 한 단계 높은 지적재산입국(知的財産立國)을 국가 좌표로 삼은 것이다. 그리고 일종의 국가개혁법인 지적재산기본법을 만들었다. 헌법의 내용은 '국민 개개인은 이제 머리에서 나오는 지적재산으로 먹고살아라. 기업은 체질을 개선해 지적재산으로 수익을 올리는 체제를 만들어라. 행정은 이를 뒷받침하는 교량행정으로 가라. 국가는 이 모든 것을 위해 전반적인 틀을 새롭게 바꿔라.' 하는 것이다.

일본은 국가의 틀을 바꾸기 위해 지적재산기본법을 중심으로 지적재산전략본부를 설립했다. 그리고 그곳에 경제계를 대표하는 CEO들이 들어가 합참본부를 만들었다. 그들은 지금 우리의 새마을 운동에 버금가는 지적재산 국민문화운동을 벌여 전체 국민의 의식 구조를 바꾸어 나가고 있다. '일본의 재산은 농업사회나 산업사회 때처럼 땅덩어리나 공장이 아닌 국민의 머리'라는 인식을 심어주고 있는 것이다.

일본 주식회사의 중앙연구소 역할을 맡고 있는 대학도 개혁을 서둘렀다. 도쿄대학교는 '우수한 두뇌인력을 키워 지적재산을 생산하는 공장으로 거듭난다.'는 개혁방침을 세우고 학내에 TLO(Technology Licensing Organization)를 만들었다. TLO은 교수들이 지적재산을 만들어내면 대신 팔아주는 개발혁신본부를 말한다. 일본의 대학개혁은 여기에서 출발했다.

세계 주요 대학의 MBA 과정을 마친 인재들을 불러들이고 있는 도쿄대학교는 연구실적, 특허권, 기술료 수입액 등으로 교수를 평가한다. 지적재산을 많이 만들어내는 교수는 그만큼 잘살게 해주고, 우수한 대학생과 대학원생에게는 아낌없이 장학금을 지원한다. 인재를 육성하는 동시에 서로 경쟁하는 분위기를 조성하는 것이다.

현재 일본의 대학들은 학생들에게 공부를 시키는 것이 아니라 공부하는 과정을 통해 지적인 머리를 만드는 일을 하고 있다.

이미 20만 명의 지적재산 최정예군, 700만 명의 지적재산 민방위군을 확보하여 지적재산권 전쟁체제에 돌입한 일본은 2003년에 로스쿨 제도를 도입하고 기술분쟁을 해결하기 위해 2006년 4월 '지적재산고등재판소'를 열었다.

일본은 3년에 걸쳐 보수적인 사법부를 개혁했다. 개혁의 기본원칙은 '국제적 지적재산권에 관련된 경제적 이해관계를 효율적이며 전문적으로 다룰 수 있는 사법부로 변신하라.'는 것이었다. 기술판사라고 해서 특별한 것은 없다. 이공계 출신이 로스쿨을 졸업하면 기술판사, 기술변호사가 나오는 것이다.

또한 우리는 상품 FTA(Free Trade Agreement, 자유무역협정)를 추진하고 있지만 일본은 국회의원들이 변리사회 후원단체를 만들고, 변리사회를 내세워 미국과 지적재산권 FTA를 추진하고 있다. 자신들의 지적재산을 수입해 수익을 낸 외국회사가 부도났을 경우 보상받기 위한 지적재산수출보험제도까지 도입했다. 따라서 우리나라가 일본에 지불하는 기술료는 점점 더 늘어날 것이 분명하다.

우리도 일본의 움직임을 참고하여 미래에 대비한 전략을 세워야 한다. 민주홍국이라는 구호로는 나라경제를 살릴 수 없다. 민주

화가 국민적 열망이었던 때는 이미 지났다. 중국은 공무원 인사고과 중의 하나가 공산당에 대한 충성도에서 기업에 대한 충성도로 바뀔 정도로 체제가 바뀌었다. 일본은 이미 지적재산권 전쟁체제에 돌입했다. 따라서 지금 이 상태로 간다면 우리는 중국과 일본 사이에 끼어 고래 싸움에 새우등 터지는 꼴이 되고 말 것이다. 구한말에도 우리는 안방에서 사색당쟁을 일삼다 나라를 잃고 일본과 중국의 눈치를 봐야 했다. 이 같은 일을 반복하지 않으려면 국가적인 전략과 대책이 필요하다. 이제는 '창조적 두뇌입국' 이라는 국가 좌표를 설정하고 대통령 직속으로 창조적 두뇌입국 전략본부를 설립해야 한다. 일본이 지적재산기본법을 만들었듯이 두뇌입국기본법을 만들어 관계되는 법을 정비하고 전 국민을 상대로 '1국민 1창조운동' 을 전개해야 한다. 새마을운동은 산업사회에 맞게 근면 · 자조 · 협동을 내세웠지만 지금은 정보화시대에 맞게 창조적인 사고를 강조해야 한다. 나이와 직업, 성별과 신분에 상관없이 모두가 참여할 수 있는 분위기를 조성해 아이들도 놀다가 "이거 이렇게 고치면 되는 것 아니냐?" 고 물어볼 정도가 되어야 한다.

정부 조직도 바뀌어야 한다. 모든 국민의 머리에서 지적재산이 나오게 하려면 산업자원부 산하에 있는 특허청을 따로 떼어내 범부처격인 지적재산청을 만들어야 한다. 그리고 국제적으로는 한중일 지적재산공동체를 형성해야 한다. 현재 EU(European Union, 유럽연합)나 NAFTA(American Free Trade Agree-ment, 북미자유무역협정) 등과 같은 경제블록들이 지적재산블록으로 바뀌고 있다. EU는 벌써 EU특허청을 만들었다. 한마디로 자기들끼리 지적재산연합군을 형성하고 있는 것이다. 자칫 잘못하면 우리는 낙동강 오리알 신세가 될 수 있다.

한자를 공동으로 쓰는 한중일은 오랜 역사를 지닌 지적재산공동체라고 볼 수 있다. 한중일 지적재산공동체가 생기면 가장 덕을 보는 나라는 한국이다. 우리에게는 울타리가 생기는 것이나 마찬가지인 셈이다.

일본과 중국, 그리고 우리나라 외무부 장관이 함께 사진을 찍으면 항상 한국의 장관이 중간에 선다. 일본 장관이 중간에 서면 중국이 기분 나빠 한다. 중국 장관이 가운데 서면 일본이 기분 나빠 한다. 지정학적으로도 한국이 중간이다. 따라서 한중일 특허청을 만들면 당연히 우리나라에 만들 가능성이 크기 때문에 어부지리를 취할 수 있다.

지금까지 말한 것을 정리하면 다음과 같다.

1. 대통령은 직속기관인 창조적 두뇌입국 전략본부를 만들어 지휘

한다.

2. 국회는 두뇌입국기본법을 만들어 시행한다.
3. 정부는 범부처적인 지적재산청을 만든다.
4. 민간단체들은 1국민 1창조운동을 전개한다.
5. 국제적으로는 한중일 지적재산공동체를 만들고 블록화를 시켜서 어부지리를 취한다.

그다음에는 무엇을 해야 할까. 부동산이 아니라 지적재산을 가진 사람이 돈을 많이 버는 풍토를 만들어주어야 한다. 정부가 기금을 조성해 당장은 실용화되기 힘든 기술이라 하더라도 미래를 보고 미리 사들여야 한다. 기술을 개발한 사람에게 경제적으로 도움을 주고 동기부여를 해줄 필요가 있는 것이다.

그렇게 되면 갓 결혼한 부부라 하더라도 부인은 일찍 들어오는 남편에게 "집 걱정은 하지 마시고 회사에 남아 밤새도록 연구해서 그 좋은 당신 머리로 지적재산권 하나 만드세요. 그럼 우리도 30평짜리 아파트 하나 장만할 수 있을 거예요." 하고 말할 것이다.

어떤 부인은 자료를 찾아주는 등 함께 밤을 새우며 남편에게 도움을 줄지도 모른다. 그렇게 탄생한 기술은 그들 부부에게는 그 어떤 것보다 값진 선물이 될 수 있을 것이며, 유산으로 자식들에게 물려줄 수도 있을 것이다.

지적재산을 많이 만들어낸 사람에게는 전쟁에서 공을 세운 것과 같은 대우를 해주어야 한다. 그들의 부모에게 열차를 무료로 탈 수 있게 해준다든가 주택분양 우선권을 주는 등의 혜택을 부여하는 것이다. 그러면 자연히 부모와 학생 모두 이공계로 몰릴 것이다. 또한 각 방송사에서 연구실을 배경으로 한 드라마를 많이 제작해 방영하고, 밤늦게까지 기술개발에 여념이 없는 남자 주인공의 모습을 멋지게 그려 결혼 적령기에 있는 젊은 여성들의 마음을 사로잡는다면 효과는 더 클 것이다.

이런 식으로 환경을 만드는 것이 무엇보다 중요하다. 예를 들어 바람이 잘 통하지 않아 습기가 많고, 햇볕이 들어오지 않으며, 온도가 높은 동굴 같은 곳에는 곰팡이가 많이 생긴다. 이때 곰팡이를 잡으려고 약을 뿌리는 것은 일시적인 해결책에 지나지 않는다. 말끔히 죽였다고 해도 그때뿐 얼마 지나지 않아 약이 듣지 않는 다른 곰팡이가 생기기 때문이다. 근본적인 해결책은 동굴을 뚫어서 환경을 바꿔버리는 것이다. 환기가 잘 되고 기온이 내려가면 더 이상 곰팡이는 생기지 않는다.

아직 늦지 않았다. 이제부터라도 대통령, 국회, 정부, 민간단체, 국민 모두가 힘을 합해 막힌 벽을 뚫어 이공계 진학이 희망이 되고,

지적재산이 강남의 땅이나 빌딩보다 더 큰 가치를 지니고, 기술개발이 자랑과 보람이 되는 환경과 풍토를 조성해야 한다. 무기와 힘이 아니라 지적재산권을 가지고 전 세계를 휘어잡는 새로운 광개토대왕이 나오기를 바라는 마음 간절하다.

"사랑하는 청소년 여러분! 잊지 마십시오. 창조적 두뇌입국의 핵심인재는 바로 여러분입니다. 여러분이 나라의 미래를 이끌어 갈 주인공입니다."

군대도 변해야 한다

나는 고등학교 때 폐결핵과 늑막염을 앓는 바람에 군대에 들어가지 못했다. 내가 군대를 거부한 것이 아니라 군대가 나를 거부한 것이다. 나를 아는 친구들은 "너는 딱 군인 체질인데 아깝다."는 말들을 많이 한다. 축구든 뭐든 운동이라면 못 하는 것이 없고, 동작이 빠르기 때문일 것이다. 하지만 나는 우리의 군대가 하루빨리 변화해야 한다고 생각한다.

우리의 젊은이들은 가장 창의력이 왕성할 때 군대에 들어간다. 노벨상을 받을 수 있는 아이디어의 80%는 이 시기에 나온다고 한다. 그런 머리가 군대에 들어가 2년 동안 복무하면 벽에 박아 놓은 못처럼 녹슬게 된다.

우리의 군대가 어떻게 영재를 망치고 있는지 단적인 예를 하나

들어보겠다.

어릴 때부터 똑똑하다는 소리를 귀에 딱지가 앉도록 들어온 아이가 있었다. 그 아이는 서울대 공대에 다니고 있었는데 입대영장이 날아오자 국방의 의무를 다하겠다며 신체검사를 받고 입대했다. 2년 후 군복무를 마치고 집에 돌아온 아이는 아버지에게 앞으로 구두 닦는 건 자기에게 맡겨 달라고 했다. 아버지는 아들에게 왜 그러냐고 물었다. 아들이 대답했다.

"구두 광을 내는 방법에는 두 가지가 있습니다. 바로 물광과 불광입니다. 둘 중에 더 어려운 것은 물광인데 군복무를 하는 동안 달인의 경지에 올랐으니 아버지 구두 닦는 일은 앞으로 제가 하겠습니다."

아버지는 너무 어이가 없어 한숨만 토해 냈다. 수재로 소문난 아들이 군대에 들어가 기껏 구두 광내는 기술이나 배워오다니…. 전공과 관련 있는 전자제어라든가 위성기술 같은 것을 배워오면 자기 자신뿐만 아니라 나라에 큰 이익이 될 텐데….

반면에 이스라엘은 어떤가. 기술정보화시대에 걸맞은 기술정보집약 국방체제를 갖추고 있는 이스라엘의 군대는 국방을 책임지고 국가 경쟁력을 강화하는 기술전문인력을 양성하고 있다. 젊은이들은 각자 적성에 맞는 병과를 택해 들어가고 기술전문교육과 훈련을 집중적으로 받아 창의적인 기술전문인이나 숙련된 기능전문인으로 성장한다.

이스라엘 군대의 병과는 전문화, 세분화되어 있다. 창의적인 능력을 지닌 젊은이가 세계 일류대학의 물리학이나 전자공학 박사과정에 들어가기를 원한다면 국방예산으로 유학을 보내고 박사학위를 받도록 지원하고 있다. 기능 분야에서도 본인이 원하고 능력과 적성이 충분하다면 독일의 기능장(마이스터) 과정에도 보내 자격증을 따도록 지원해 준다. 이들은 이스라엘로 돌아오면 군 기관에서 복무를 하는 것이 아니라 전공과 관련 있는 연구소나 생산업체에서 일한다.

현재 이스라엘에서 외화를 가장 많이 벌어들이는 수출산업은 바로 방위산업이다. 중국이 2003년에 유인우주선을 쏘아 올렸을 때 핵심기술의 70%를 이스라엘에서 가져왔다. 당연히 중국은 그 대가로 이스라엘에 엄청난 로열티를 주어야 했다.

이스라엘 정부는 매년 입영 대상인 고교 졸업생 중에서 컴퓨터와 과학에 뛰어난 재능을 보이는 영재를 선발해 '탈피오트' 라는 특별교육 과정에 입학시킨다. 그리고 6개월 동안 하루 14시간 이상씩 수학, 물리학, 컴퓨터 등에 관한 강도 높은 지능개발훈련을 실시한다. 그 효과는 단기간 내에 미국 유명 공대 수준 이상의 전문교육을 받는 것과 비슷하다고 한다.

탈피오트의 교육 프로그램은 마이크로소프트, 오라클 등 세계적인 기업들의 첨단기술과 지식을 자기 것으로 만들 수 있도록 구성되어 있다. 이스라엘의 유명 벤처기업 사장들 중에 탈피오트 출신이 많은 것을 보면 그 수준과 효과를 짐작할 수 있을 것이다.

그러나 우리는 아직까지도 국방의 의무를 강조하며 대한민국 젊은이라면 모두 군대에 들어가야 한다는 사고를 떨쳐버리지 못하고 있다.

나는 뛰어난 재능을 지닌 인재들은 6개월의 기본복무를 마친 후에 첨단과학 연구소나 대학에서 일하는 것으로 군복무를 대신해야 한다고 생각한다. 보고나 지시받을 것이 있으면 군복무 관련 지침에 따라 저녁에 온라인으로 하면 될 것이다.

670만 인구의 이스라엘은 적대적인 2억의 아랍인들에게 둘러싸여 위협받고 있지만 상비군 20만, 예비군 60만 명만으로도 세계 최강의 국방체제를 구축하여 든든한 국방을 유지하고 있다. 그러나 우리는 상비군 69만, 예비군 300만, 민방위 500만 명의 병력을 지니고 있고 국가 전체 예산의 18%가 넘는 17조 5000억 정도의 예산을 국방에 투자하면서도 아직까지 자주국방을 실현하지 못하고 있다. 이는 지금까지 국방예산이 군 인력의 두뇌를 키우기보다는 먹여 살리는 데 사용되었음을 방증하고 있다. 군대에 들어가 1년 정도 지나면 할 일이 없어 제대 날짜만 기다리게 된다. 물론 기본적인 국방인력은 있어야 하지만 무조건 2년을 묶어두어서는 곤란하다. 그것은 창조적 머리를 없애는 데 국가가 엄청난 기여를 하고 있는 것이나 마찬가지다. 차세대 전투기 하나 만들 수 있는 능력이 없어 대당 1500억 원을 주고 사오는 일은 더 이상 하지 말아야 하질 않겠는가. 세계 어느 나라와 겨루어도 뒤지지 않는 국방력을 갖추려면 국방시스템 자체가 바뀌어야 한다. 그 변화를 이끌어 가는 것이 바로 내가 2002년 한나라당 대통령 경선 때 도입을 주장했던 '전자군복무제도'다.

이스라엘의 경우를 볼 때 전자군복무제의 효과는 크다고 할 수 있다. 첫째, 첨단무기를 갖춘 상비군 20만 명은 재래식 무기로 무장한 군인 몇 백만 명을 능가하는 군사력을 발휘할 수 있다. 둘째, 우수한 젊은이를 경제전쟁의 역군으로 활용해 산업 경쟁력과 국방 경쟁력을 동시에 키울 수 있다. 셋째, 첨단 국방기술의 기반이 산업 IT와 맥을 같이하기 때문에 군대가 국방IT를 연구, 개발하는 공간으로 바뀌면 산업기술도 발전할 수 있다.

이스라엘은 첨단기술과 연구능력을 갖춘 국방인력을 키우고 이들에게 선진국의 첨단무기 핵심기술을 분석하도록 하여 세계 어느 나라보다 먼저 국방 및 과학기술 분야의 세계특허를 손에 넣는다. 이로 인해 미국 등 선진국과의 거래에서 경제적으로 유리하게 무기를 도입하고 동등한 수준의 첨단국방체제를 유지할 수 있는 것이다. 또한 핵심 국방기술은 곧바로 산업계로 이전되어 산업 경쟁력을 키우는 데 활용된다.

결국 이스라엘은 국방인력과 기술이 산업인력과 기술을 뒷받침하고 있기 때문에 하이테크산업이 발전하고 벤처최강국으로 굳건하게 자리매김을 한 것이다.

이제 한국군의 체제도 과학기술시대에 걸맞게 기술지식집약형으로 개혁해 거듭나야 한다. 그렇게 되면 젊은이의 머리를 녹슬게 하는 기존의 군복무제도, 산업계가 간절히 원하는 병역특례제도 등이 물 흐르듯 자연스럽게 한 차원 높은 해결점을 찾을 수 있을 것이다.

"사랑하는 국방 꿈나무 여러분! 군대는 두뇌전쟁을 승리로 이끄는 전문교육기관이며 첨단 국방기술 연구기관입니다. 여러분의 두뇌가 가장 중요한 무기입니다. 우수한 창의적 머리로 두뇌전쟁을 승리로 이끕시다."

글로벌시대의 생존전략

나는 그동안 남미를 다섯 번 다녀왔고 러시아는 수시로 드나들었다. 북한에도 다녀왔다. 내부의 변화를 모색하는 것도 중요하지만 그보다 더 중요한 것은 글로벌화 전략이라고 생각하기 때문이다. 글로벌화를 외면하고 내부의 변화만 모색해서는 답이 나오질 않는다. 그렇다면 글로벌화 시대에 우리가 살아갈 길은 무엇인가.

먼저 글로벌이라는 관점에서 우리나라를 볼 필요가 있다. 예를 들어 6.25 전쟁 당시 낙동강을 사이에 두고 북한군과 신경전을 벌였을 때 전선을 깨고 올라갔다면 많은 희생이 따랐을 것이다. 그러나 낙동강 전선만 보지 않고 한반도 전체를 보면서 생각했기 때문에 인천상륙작전을 감행한 것이다. 우리나라 경제도 내부의 문제부터 먼저 해결해야겠다는 생각을 하면 낙동강 전선을 깨고 올라가는 것과 마찬가지다. 다시 말해 지구촌 전체를 보고 전략을 세우는 지혜가 필요하다.

글로벌화는 지구가 한 덩어리가 된다는 뜻이고, 정보화는 지구가 한 인간처럼 된다는 뜻이다. 그런 의미에서 지구를 하나의 인간으로 본다면 사람의 머리에 해당되는 나라는 어디일까. 바로 러시아다. 파미르고원과 북극 사이에 있는 러시아는 춥고 밤이 긴 나라다. 자연히 방 안에서 연구를 많이 할 수밖에 없는 환경을 가지고 있다. 우리나라와 중국, 일본은 손과 팔에 해당한다. 응용능력과 물건을 만들어내는 손재주가 뛰어나다. 그리고 미국은 심장에 해당한다. 심장은 곧 금융이라고 할 수 있는데 미국의 달러는 전 세계에 어디서나 통용되는 화폐다. 우리 몸의 횡경막을 적도라고 봤을 때 아래 부분, 즉 소화기관과 다리에 해당하는 나라는 적도 아래쪽에 위치한 남미와 아프리카다. 실제로 손과 팔에 해당되는 나라들은 마작, 고스톱을 잘한다. 다리에 해당되는 남미나 아프리카를 보면 축구, 살사댄스를 잘한다.

따라서 지적재산을 수출하지 못하고 있는 우리는 러시아와 지적재산 공동생산체제를 만들어야 한다. 해외에서 지적재산을 만들어 수출하자는 것이다. 다행히 러시아의 기초첨단기술은 세계 최고 수준이지만 응용상품화 능력은 많이 부족하다.

나는 변리사협회 회장으로 있을 때 러시아 변호사 회장을 찾아가 만난 적이 있다. 푸틴 대통령의 최측근인 그는 내가 모스크바대학교의 객원교수라고 하니까 30분의 시간을 주겠다고 했다.

나는 자리에 앉자마자 공격적으로 말했다.

"지금 러시아 경제가 괜찮은 듯 보이지만 싹이 노랗다."

내 말에 변호사 회장의 얼굴색이 변했다. 그는 굉장히 기분이 나쁘다는 투로 물었다.

"무엇 때문에 싹이 노랗다고 생각하는가?"

"석유, 가스가 올라와 나라경제가 좋아지니까 좋아하는 모양인데 석유, 가스를 팔아 돈을 버는 것이라면 사우디아라비아나 쿠웨이트와 뭐가 다르냐."

그는 잠시 고개를 끄덕이더니 다시 물었다.

"당신 잘났다. 그럼 우리가 어떻게 해야 한다고 생각하는가?"

그를 만나기 전에 삼성경제연구소에서 나온 자료를 검토했던 나는 일단 칭찬부터 해주었다.

"러시아는 석유, 가스에서 벌어들인 돈으로 IT기술에 전폭적으로 투자해 2012년까지 세계 최강국을 만들 계획을 세우고 있다고 들었다. 그것은 러시아 정부가 잘하는 일이다."

순간 회장의 얼굴이 밝아졌다. 나는 기다렸다는 듯 그에게 일침을 가했다.

"하지만 그런 방향으로 간다 하더라도 러시아 경제가 과연 좋아지겠느냐?"

회장의 얼굴은 또다시 어두워졌다.

"그렇게 말하는 이유가 무엇이냐?"

"당신들이 기초첨단기술을 쏟아낸다 하더라도 결국 지적재산권화하지 않으면 아무런 소용이 없다. 지적재산권을 가지려면 응용상품화와 관련된 부분을 한데 묶어 권리를 청구해야 한다. 그러나 당신네들은 응용상품화와 관련된 시장경제를 해오지 않았기 때문에 어렵다. 기초첨단기술은 열심히 연구할지 모르지만 응용상품화 부분과는 거리가 먼 것이 사실이지 않은가? 많은 돈을 들여 IT강국이 됐다 해도 지적재산권을 만드는 일은 쉽지 않을 것이다. 가지고 있는 기름을 채굴해 팔지 않으면 돈을 벌지 못하는 것과 같다."

회장은 한참을 말없이 앉아 있다가 무겁게 입을 열었다.

"당신 생각은 어떤가? 우리가 어떻게 하면 좋겠는가?"

"지금 상황으로는 미국과 손잡을 수밖에 없다. 그러나 미국과 손을 잡으면 지분의 절반은 미국에 줘야 하고, 꿀밤을 맞는 것처럼 굴욕적인 대우를 받을 때도 많을 것이다."

"맞는 얘기다. 다른 좋은 대안은 없느냐?"

"기초첨단기술이 응용상품화 능력과 결합하는 것은 남녀가 결혼하는 것이나 마찬가지다. 서로 반대되는 남과 여가 만나 결혼하는 것처럼 러시아는 거대한 나라니까 작은 나라, 자원이 많으니까 없는 나라, 인구밀도가 낮으니까 높은 나라, 사회주의 체제에 있었으니까 시장경제체제에 있는 나라, 응용상품화 능력이 모자라니까 뛰어난 나라, 이 나라가 러시아의 배필감이다."

그러자 회장이 대뜸 말했다.

"코리아!"

"그렇다. 한국과 손을 잡으면 지분의 20%만 주어도 부부 싸움은 일어나지 않을 것이다."

내 말에 회장은 태도가 바뀌어 30분만 얘기하자던 사람이 자기와 함께 점심을 먹자고 했다. 식사를 하는 동안 비서실에서는 몇 사람이 모여 무엇인가를 열심히 작성하고 있었다. 자세히 살펴보니 상호협력에 관한 MOU(Memorandum Of Understanding, 양해각서)를 만드는 것이었다.

회장은 MOU를 내밀며 정기적으로 의견을 교환하도록 하자고 했다. 그러나 내용이 너무 복잡해 보여 '연합사무소를 만든다, 양국에 분소를 둔다, 인력을 교환하고 회의한다.' 는 것으로 간단하게 정리했다.

일을 마치고 일어서려는데 회장이 물었다.

"오늘 저녁에 집에 초대하고 싶다. 일정은 어떻게 되느냐?"

나는 사실 저녁 약속은 없었지만 바쁘다는 핑계를 대고 거절했다. 그러자 다음 날 러시아변호사협회가 이사회를 열어 나를 고문으로 임명했다. 뿐만 아니라 러시아변호사협회 최고훈장을 수여하고 푸틴 대통령 특별시계까지 주었다.

나는 일주일 후 일을 마무리하기 위해 변리사협회 부회장 세 명과 함께 회장 집을 방문했다. 회장은 회의가 끝나자 나에게 물었다.

"당신은 내 집에서 머물고 부회장들은 호텔에서 자도록 하는 게 어떤가?"

나는 단호하게 거절했다.

"곤란하다. 모스크바까지 날아와 개인행동을 한다면 부회장들에게 신임을 잃는다. 나도 호텔에서 자겠다."

"그러면 좋다. 당신들 모두 내 집에 머물도록 해라."

결국 나와 부회장 세 명은 일을 마칠 때까지 회장 집에서 지내며 러시아변호사협회와 지적재산권공동협약을 맺었다. 그로 인해 우리나라는 기초기술의 응용상품화 작업에만 참여해도 2~30%의 지분을 갖게 되었고, 지적재산을 수출할 수 있게 되었다.

이제는 글로벌시대에 맞는 사고를 해야 한다. 우리가 가진 장점을 최대한 활용하면 얼마든지 약점을 보완할 수 있다. 1등 기술이냐 2등 기술이냐를 판단할 수 있는 눈만 있어도 지적재산권을 얻을 수 있다. 1등에 못 미치는 2등 기술, 이것을 살릴 수만 있다면 충분히 가능하다.

앞에서도 말했듯이 중국은 우리와 많이 닮아 있다. 임금이 싸다는 이유로 중국에 들어간 우리 기업의 90%가 망해서 나오고 있는 실정이다. 하지만 러시아는 우리와는 닮은 구석이 전혀 없다. 상황은 우리에게 유리하다. 러시아는 자꾸 신경을 건드리는 중국을 싫어하고, 기술 약체라고 해서 일본도 별로 좋아하지 않는다. 그리고 미국은 그들에게 벅찬 상대다. 러시아 입장에서 보면 한국이 가장 편한 파트너인 것이다.

러시아와 손을 잡고 지적재산을 만든 후에는 어떻게 해야 할까.

머리를 받치기 위해서는 몸이 있어야 한다. 우리나라에서 정반대되는 곳에 있는 나라는 바로 남미다. 남미를 우리의 몸으로 생각하고 러시아와 공동으로 첨단 지적재산권을 만들어 남미에서 활용해야 한다. 남미는 땅이 비옥하고 드넓으며, 악착스럽지 않고 감성적이다. 모자라는 점을 서로 보완하는 데 있어서는 최상의 파트너라고 할 수 있다.

지금 전 세계적으로 에너지 문제, 식량 문제가 중요시되고 있다. 기름 값은 갈수록 치솟고 있고 식량은 갈수록 고갈되어 가고 있다. 남미의 여러 나라들이 바이오알코올, 바이오디젤을 만들려고 하는 것도 그 때문이다.

바이오알코올, 바이오디젤을 만들려면 농장과 공장이 있어야 한다. 특히 원료가 되는 식물을 재배할 수 있는 광활한 땅이 있어야 한다. 예컨대 러시아와 공동으로 기술을 개발해 첨단 바이오기업을 설립한 후 드넓은 땅을 지니고 있는 남미로 진출하자는 것이다. 그곳에 공장을 세우고 현지인들을 고용해 그 나라와 국민들을 잘살게 만들고, 수익의 일부를 우리나라로 가져오자는 것이다. 그렇게 되면 해당 국가들은 남아도는 땅을 활용할 수 있고, 우리는 이익을 챙길 수 있으니 서로 좋은 것 아닌가.

이미 남미의 여러 나라와 접촉한 중국의 후진타오는 베네수엘라와는 에너지 부분을 포함해 110억 달러에 달하는 무역협정을 맺고 바이오기업을 진출시키려 하고 있다. 그러나 남미는 정치적으로는 종속이론에서 벗어나려 하고 있기 때문에 중국과 협력하지 못하도록 막는 논리는 간단하다. '중국과 손을 잡으면 결국 종속이론에 갇히는 꼴이다. 우리와 해야 종속이론에서 벗어난다.' 는 점을 강조하면 되는 것이다.

2007년 10월 베네수엘라에 가서 경제기획원 장관을 만났을 때

그는 자기 나라의 국토가 중간 중간 사람들이 살지 않아 빈 땅이 많다는 말을 했었다. 아르헨티나, 브라질 역시 마찬가지다. 우리가 노려야 할 것은 바로 남미 여러 나라의 비어 있는 땅이다.

예를 들어 아르헨티나 부에노스아이레스에서 서북쪽으로 986km 떨어진 곳에 박정희 전 대통령이 사둔 땅이 있다. 여의도의 약 70배(2만 894ha)에 달하는 이 땅은 우리나라 농업 관련 정부기관이 수차례 개발을 추진하다 강수량이 부족하고 토지에 염분이 들어 있는 등의 문제점들을 해결하지 못하고 30여 년 동안 방치해 왔다. 바로 이 땅에 우리의 바이오농업 첨단기업을 진출시켜 바이오디젤의 원료인 자트로파(Jatropha)를 키우자는 것이다. 다시 말해 바이오디젤 유전을 개발하자는 것이다.

또한 방대한 땅에 개인이 농사를 짓는 데에는 분명한 한계가 있다. 중장비가 없으면 불가능하다. 따라서 우리의 중화학기업들이 남미의 비어 있는 땅에 중장비를 가지고 들어가 지하수 개발도 하고 방대한 땅도 개간하자는 것이다. 항공산업도 전투기에 가까운 연습기를 만드는 데만 집중할 것이 아니라 바이오산업에 필요한 산업용 비행기를 개발해야 한다. 산업헬기, 경비행기 같은 것들을 개발해야 수출이 가능하다. 그것을 써먹을 수 있는 곳은 남미뿐이다. 그러면 식량 문제는 물론 에너지 문제도 해결할 수 있을 것이다. 아르헨티나에서 눈에 띄는 성공을 거두게 되면 남미 여러 나라들이 제발 자기네 땅 좀 쓰라고 우리에게 청할 것이고, 우리 국토의 10배에 달하는 땅을 남미에 확보하는 것이 가능해진다.

베네수엘라에서 아르헨티나로 건너간 나는 과학기술진흥청 장관을 만난 자리에서 두 가지 제안을 했다.

첫째, 교육 콘텐츠가 발달되어 있는 우리나라와 협력해 온라인 교육을 하자. 앞으로는 머리로 먹고사는 시대가 될 것이다. 이 넓은 땅에 제각각 흩어져 사는 사람들을 교육시키는 방법은 온라인교육밖에 없다. 둘째, 수천 년을 이어져 내려온 우리의 한방은 그동안 수많은 임상을 통해 그 효과가 입증된 처방이 있고, 아르헨티나는 생약이나 건강식품의 원료가 되는 수많은 약초들을 가지고 있다. 한방 기술력을 지닌 우리나라와 약초의 보고나 다름없는 아르헨티나가 손을 잡으면 얼마든지 좋은 약을 개발할 수 있을 것이다.

그러자 아르헨티나 과학기술진흥청 장관은 크게 기뻐하며 내 제안을 받아들였다.

이미 20여 년 전에 미국의 엘 고어 전 부통령이 환경보존에 기여한 공로를 인정받아 2007년에 노벨평화상을 받을 것이라고 예언했던 브라질의 유명한 예언가 주세리노는 '2008년엔 브라질의 루와나란 약초로부터 에이즈에서 벗어날 수 있는 주사약이 개발될 것이나 에이즈보다 더 무서운, 발병한 지 4시간 만에 죽는 괴질이 지구를 휩쓸 것이다. 그리고 2011년에는 지구에 새로운 악성 바이러스가 창궐해 전 세계적으로 8000만 명 이상이 죽을 것이다.'는 예언을 하고 있다. 지구 온난화는 어떻게 보면 지구 자체에 병이 들어 열이 나기 시작하는 것이라고 할 수 있다. 병원균을 몰아내기 위해서는 백신이 필요하다. 내가 쿠바와 손을 잡고 백신을 개발하려는 것도 바로 이런 이유에서다.

2007년 7월 6일 중국 마카오에서 2008년도 베이징올림픽 관련 학술대회가 열렸다. 그때 63개국에서 5300여 편의 논문을 출품했고, 최종적으로 3편을 선발했는데 그중에 내 논문도 포함되어 있었다. '21세기는 바이러스 전쟁 시대'라는 콘셉트 때문에 선택을 받은 듯했다. 중국은 장관 축사나 격려사를 생략하고 개회식 대신 3편의 논문을 발표하게 했다.

당시 두 번째 발표자로 나선 나는 먼저 더스틴 호프만 주연의 영화 〈아웃 브레이크〉에 나오는 몇 장면을 따서 만든 2분 10초짜리 영상물을 보여주었다. 앞의 2분은 사람들이 콜록콜록 기침하는 장면, 코피가 터져 나오는 장면, 넘어지는 장면 등을 무성음으로 처리하고, 뒤의 10초는 코피를 흘리며 신음하는 소리와 폭탄 터지는 소리를 유성음으로 처리한 영상물이었다. 그러고 나서 연단에 올라

발표를 시작했다.

"지구는 살아 있다. 봄, 여름, 가을, 겨울을 통해 감정 표현을 얼마나 다양하게 잘하는가. 그리고 자전을 하면서 운동을 하고 공전을 하면서 일을 보러 다닌다. 지구는 살아 있는 생물이다. 이 거대한 생물체에 인간이 달라붙어 기름 빼내고 가스 빼내고 광물질 빼내고 하니까 지구가 병들어 0.6도의 미열이 나기 시작했다. 그것이 바로 온난화다. 지구 입장에서 보면 인간이 바이러스인 셈이다. 자연계는 균형을 잡아주는 기능을 지니고 있어 지구 환경이 병들면 병원성이 강한 인간을 공격하는 나쁜 바이러스를 만들어내 인간이 지구를 공격하는 것을 막으려 할 것이다. 이로 인해 에이즈, 사스, 스페인 독감 같은 것들이 계속해서 나오는 것이고, 따라서 바이러스와의 전쟁은 불가피하다고 할 수 있다. 그러면 우리는 어떻게 해야 하는가. 먼저 지구 환경부터 건강하게 만들어야 한다. 환경이 나빠질 때 인간을 공격하는 바이러스가 나오기 때문이다. 그 다음에는 면역력을 키워 방어해야 한다. 인간을 공격하는 바이러스를 물리칠 수 있는 백신을 개발해야 하는 것이다. 이제는 우리 모두가 바이러스와 싸우는 군인이 되어야 한다."

발표를 마치자 기다렸다는 듯 힘찬 박수가 터져 나왔다. 그 분야에서 내로라하는 전문가인 두 사람이 차트를 만들어 거창하게 발표한 것과는 달리 먼저 영상물을 보여주고 발표한 것이 사람들의 마음을 사로잡은 듯했다.

앞으로 어떤 바이러스가 출현하여 인간의 생명을 위협할지 모른다. 이에 대비해 쿠바와 손을 잡고 백신을 개발해 두면 우리는, 즉 대한민국 주식회사는 많은 돈을 벌 수 있을 것이다. 한 예로 부도 직전에 놓여 있던 스위스 제약업체 로슈는 미국의 바이오벤처기업 길리아드 사이언스로부터 그들이 개발한 조류독감 치료약 타미플루를 독점 생산할 수 있는 권리를 사들여 엄청난 돈을 벌고 있지 않은가.

러시아와 협력해 머리를 세우고 남미로 진출해 몸을 만든 다음에는 금융, 즉 심장에 해당하는 미국을 잡아야 한다. 심장이 좋지 않아 혈액순환이 제대로 되지 않으면 몸이 고통스럽기 마련이다. 금융은 연구개발, 응용상품화, 공장부지 확보, 건설, 수출 등 모든 곳에 필요하다. 어떤 일이든 돈이 있어야 좀 더 쉽게 해나갈 수 있는 것이다.

이와 같은 전략을 추진해 나가기 위해서는 무엇이 선행되어야 할까. 두말할 필요도 없다. 첫째도 교육, 둘째도 교육이다. 교육을 다양화시켜야 한다. 그러나 현재 우리의 교육은 국내 학생들을 서로 경쟁시키는 교육이지 외국의 우수한 학생들과의 경쟁에서 당당히 우위에 설 수 있도록 만드는 교육이 아니다.

러시아와 손을 잡고 지적재산권을 만들려면 과학러시아어를 할 줄 알아야 한다. 미국의 금융을 가져다 활용하려면 금융영어를 할 줄 알아야 한다. 우리의 몸인 남미에 생산기지를 세우는 영업을 하려면 영업스페인어를 할 줄 알아야 한다. 이 3개 외국어를 기본적으로 가르치고 지적재산권 시대에 걸맞게 창의력과 발상력을 키우는 다양한 교육을 실시해야 한다. 우주처럼 넓은 시야로 지구를 하나의 몸으로 보고 미국의 돈을 내 돈처럼, 중국의 근로자를 우리의 근로자처럼, 일본의 제조기술을 우리의 제조기술처럼, 러시아의 기초첨단기술을 우리의 기초첨단기술처럼 써먹을 수 있는 창의적인 머리와 어학능력, 그리고 해외에 나가 자유롭게 사람들과 교류하며 일을 성사시킬 수 있는 친화력, 즉 인성을 키워야 한다.

이것이 바로 글로벌시대에 우리가 살아갈 생존전략이다.

"사랑하는 글로벌리더 꿈나무들이여! 머리는 태양처럼 사용해 지구의 구석구석을 꿰뚫어보고, 몸은 지구처럼 전 세계를 끌어안아야 합니다. 우리가 지구촌의 중심이라고 생각하고 전 세계를 활동 무대로 삼아 활기차게 살아갑시다."

국가 지도자가 갖춰야 할 덕목

우리는 2007년 12월에 열린 선거를 통해 새로운 대통령을 뽑았다. 앞에서도 말했듯이 우리나라가 대내외적으로 어려운 상황에 처한 이유 중 하나는 정치 지도자의 무력한 국정 운영에 있다. 그런 의미에서 새 대통령에게 거는 국민들의 기대는 클 수밖에 없다. 나 역시 마찬가지다.

21세기는 3F시대가 될 것이라고 한다. 3F는 feminine, feeling, fiction을 의미한다. 글로벌화를 추진하는 과정에서 3F는 필수적으로 갖추어야 할 항목이다. 이성적인 논리보다는 feeling, 즉 감성적 논리가, 과거와 현재 지향적인 사고보다는 fiction, 즉 자유로운 상상력을 바탕으로 한 미래 지향적인 사고가 중요하다. 특히 사람들과 교류할 때 남성적인 접근보다는 feminine, 즉 여성적인 접근이 효과적이다. 애교와 매력으로 상대를 설득시키는 인성교육이 절대적으로 필요한 이유가 여기에 있다.

그러나 글로벌시대의 생존전략이 성공하기 위해서는 무엇보다 국가 지도자의 역할이 중요하다. 그럼 국가 지도자가 갖추어야 할 덕목은 무엇일까.

첫째, 국가 지도자는 그 시대의 큰 도(道)를 읽을 줄 알아야 한다. 농업 → 산업 → 정보화사회로 변화하는 것이 역사의 도다. 다시 말해 두뇌사회로 가는 것이 이 시대의 길이라는 뜻이다. 우리나라는 구한 말 외국의 선진문물을 받아들여 산업혁명을 해야 할 시기에 농업사회에 머물러 있었다. 반면에 일본은 19세기 중반 메이지유신을 단행해 아시아 국가 중에서 가장 먼저 산업사회로 가는 길[道]로 들어섰고, 마침내 아시아를 손에 넣었다. 두 번 다시 일본에게 나라를 빼앗기지 않으려면 우리도 그들처럼 국가경영의 기본을 창조적 두뇌입국에 두어야 한다. 국민 개개인이 두뇌세포가 되어 중국 13억 세포의 몸통 위에 있는 머리가 된다면 나라경제는 자연히 좋아질 수밖에 없다.

둘째, 국가 지도자는 그 계절의 천기(天氣)를 읽어야 한다. 봄에 해야 할 일이 있고, 여름과 가을, 겨울에 해야 할 일이 따로 있다. 천기를 잘 살펴 씨앗을 뿌리고, 비료를 주고, 물을 공급하고, 추수

하고, 땅도 잠을 자면서 쉬게 하듯 국가 역시 천기를 살펴 경영하는 지혜가 필요하다. 천기는 그리스에서부터 시작해서 로마, 스페인, 포르투갈, 영국, 미국으로 넘어왔고, 미국에서 동쪽으로 방향을 틀어 동북아로 건너왔다. 중국이 지금 용트림을 하고 있는 것도 그 때문이다. 머지않아 천기는 우리에게로 넘어올 것이다. 운세가 좋을 때는 모든 것을 좋은 쪽으로 해석하고 운세가 나쁠 때는 부정적인 면을 살펴 대처해야 한다.

셋째, 국가 지도자는 우리 국민이 살고 있는 땅[地]의 본성을 읽어야 한다. 이순신 장군은 울돌목을 이용해 명량해전을 승리로 이끌었다. 목은 곧 땅을 뜻하니 땅의 특성을 파악해 뛰어난 전략을 세운 것이라 볼 수 있다. 이처럼 대륙과 해양을 연결하는 반도국가의 특성을 살리고 활용하는 지혜가 필요하다. 반도국가에게 가장 중요한 것은 교역과 교통이라고 할 수 있는데 외국의 여러 나라와 교류하려면 그들의 언어를 구사할 줄 알아야 한다. 따라서 초등학교 때부터 아이들에게 여러 나라의 언어를 가르쳐야 한다.

나는 가끔 삼성반도체가 잘나가는 이유는 우리나라가 삼면(삼성)이 바다로 둘러싸인 반도국가(반도체)이기 때문이라고 말한다. 우리나라에는 또 돌이 많고, 돌에 들어 있는 규소가 반도체 재료이니 삼성반도체는 우리나라와 찰떡궁합이라고 할 수 있다.

넷째, 국가 지도자는 위의 세 덕목을 배우고 익혀 활용할 수 있는 인재를, 유비가 제갈공명을 얻기 위해 세 번 찾아간 것과 같은 자세로 발굴해야 한다. 또한 국가 운영에 필요한 인재라고 생각되면 당을 가리지 말고 기용해야 한다. 미국의 전 대통령인 트루만이 그 좋은 본보기라고 할 수 있다. 루스벨트가 대통령일 때 부통령을 지낸 트루만은 당시 루스벨트 행정부 관료들에게 무시를 당했다. 일반적으로 부통령이란 하는 일이 별로 없는 자리였기 때문이었다. 그 후 루스벨트 대통령이 사망하자 트루만이 뒤를 이어 대통령이 되었고, 그를 보좌하던 사람들은 루스벨트 행정부 각료들에게 그동안 당한 설움을 갚으려고 했다. 사실 트루만의 마음도 그들과 별반 다르지 않았을 것이다. 그러나 대통령이 된 트루만은 나라를 경영해 나가는 데 필요한 사람들은 루스벨트 행정부의 관료들이지 자기 밑의 사람들이 아니라는 것을 깨달았다. 그는 루스벨트가 기용한 사람들을 계속 그 자리에 앉혔고, 자기 밑의 사람들은 각자의 능력에 맞는 자리를 주어 일하도록 했다. 그러나 우리나라는 어떤가. 대통령이 되면 자기 밑의 사람들을 요직에 기용하지 않았는가. 나라가 어려워진 것도 그 때문이다.

다섯째, 국가 지도자는 훌륭한 정책을 만들어내야 한다. 그러나 하나의 정책을 세우기 위해 야당과 싸우거나 많은 시간과 노력을 투자해서는 안 된다. 그것은 낭비에 지나지 않는다. 뛰어난 정책은 봄이 오면 산과 들에 각양각색의 꽃들이 피어나고 겨우내 움츠려 있던 식물이 싹을 틔우듯 위의 네 가지가 조화를 이루면 자연스럽게 싹트기 마련이다.

국민들도 마찬가지지만 특히 국가 지도자는 지구처럼 세계 각국을 품어 안고, 태양처럼 온 누리를 밝혀서 어두운 그늘을 없애고, 국민들에게 따뜻한 희망을 주는 사고를 해야 한다. 이는 글로벌시대를 살아가는 데 있어 가장 기본이 되는 덕목이라고 할 수 있다.

5년이라는 임기는 결코 짧지 않다. 변화의 시기가 빠른 지금은 1년 안에 강산도 변할 수 있다. 나는 현 대통령이 앞으로 5년 후에 웃으며 물러날 수 있는, 역사의 한 페이지를 장식할 수 있는 대통령이 되기를 바란다. 우리 국민들이 대통령에게 거는 기대가 실망으로 변하지 않기를 간절히 바란다.

"사랑하는 우리의 태양들이여! 태양이 구름에 가리면 세상이 어둡고, 구름에 가리지 않으면 환하지 않습니까? 지도자는 태양입니다. 여러분은 미래를 밝히는 지도자입니다."

선진 한국을 위해 과학교육에 앞장서다

1

2

1 우주 관련 국제학술대회에서. 외국의 전문가들과 우주과학의 무한한 발전 가능성에 대해 이야기하다.

2 베이징대학 원로 교수와 함께. 필자 옆에 서 있는 사람이 고등학교 동창인 서울디지털대학교 조백제 총장이다.

3 국내 벤처기업을 미국인들에게 소개하는 자리를 마련하다.

4 우리의 미래를 책임지고 나아갈 과학꿈나무들을 격려하다.

5 1999년 6월에 열린 녹색삶 건강 세미나에서 '이공계를 살려 경제를 살리자.'는 취지의 강연을 하다.

Part 04

교육,
미래를 바꾸는 힘

정보화시대에는 창의성이 곧 경쟁력이다.
기업체가 경쟁력 있는 물건을 만들기 위해
첨단생산시설에 투자하듯이 국가 차원에서
학생들에게 질 좋은 교육, 즉 창의력 교육을 시켜
빌 게이츠나 스티븐 스필버그 같은 사람들을
많이 배출해야 한다.

교육은 힘이 세다

20년 가까이 한국우주소년단 총재로 일해 온 나는 아이들을 만날 기회가 많은 편이다. 단복을 멋지게 차려입은 아이들을 보면 귀엽고 사랑스럽기 그지없다. 그러나 한편으로는 미안한 마음이 든다. 보다 더 다양하고 재미있는 프로그램, 상상의 나래를 펼칠 수 있는 콘텐트를 만들어주지 못하고 있기 때문이다. 우리 사회가 과학한국을 이끌어 나갈 꿈나무들에게 좀 더 많은 관심을 가져주었으면 한다.

아이들을 만나면 늘 하는 말이 있다.

"그 나라의 과거는 박물관에 가보면 알 수 있다. 그 나라의 현재는 시장을 가보면 알 수 있다. 그 나라의 미래는 젊은이들의 모습을 보면 알 수 있다. 여러분이 이 나라 미래의 모습이다. 저 하늘 위에 펼쳐져 있는 우주처럼 넓고 크게 생각하라."

나는 그동안 중고등학교 학생과 학부모는 물론 대학생, 대학원생, 기업체 임직원들, 정부 부처의 공무원 등을 상대로 많은 강연과 강의를 해왔다. 그때마다 빼놓지 않고 강조하는 것이 있다. 바로 과학기술과 교육의 중요성이다. 교육을 통해 생각이 바뀌면 행동이 바뀌고, 행동이 바뀌면 습관이 바뀌고, 습관이 바뀌면 인격이 바뀌고, 인격이 바뀌면 운명이 바뀐다고 믿기 때문이다.

나라 없이 수천 년을 떠돌던 유태 민족이 어떻게 다른 민족에 동화되지 않고 살아남을 수 있었을까. 한때 유태인을 지배했던 거대한 민족과 국가들이 모두 망했거나 역사의 뒤안길로 사라져 갔지만 지배를 당했던 유태 민족은 여전히 건재하다. 그 이유는 무엇일까.

이스라엘의 외교관이자 교육자인 아셸 나임 박사는 이렇게 설명한다.

"결국 그것은 교육의 힘이 아니었나 싶습니다. 어려운 환경 조건을 역이용하는 창의적 사고능력이 우리를 지켜 왔고, 어느 민족에게도 뒤지지 않는 우수성을 창조해 왔다고 감히 자부할 수 있지요."

유태 민족의 교육열을 잘 말해 주는 이야기가 있다.

기원전 70년경 로마군이 예수살렘을 쳐들어왔다. 당시 예수살

렘 사람들의 지도자이자 랍비였던 아키바는 성이 로마군의 손에 넘어가는 것은 시간문제라는 것을 알고 밤을 틈타 로마군 사령관을 찾아갔다.

간신히 로마군 사령관을 만난 아키바는 목숨을 걸고 부탁했다.

"예수살렘을 정복하여 물건이나 식량은 마음껏 약탈해 가도 좋습니다. 그러나 성 안에 있는 작은 건물 하나만은 꼭 남겨주십시오,"

로마군 사령관이 물었다.

"그 작은 건물이 무엇이기에 죽음을 무릅쓰고 나를 찾아온 것이오?"

"그것은 궁전도 아니고 사원도 아닙니다. 우리의 아이들을 가르치는 유일한 학교입니다."

아카바의 간곡한 부탁에 로마군 사령관은 그 건물만은 손대지 않겠다고 약속했다. 아키바는 성 안으로 되돌아와 사람들을 모아놓고 말했다.

"예수살렘은 망하더라도 유태인의 교육만은 계속되어야 한다."

교육은 힘이 세다. 한 나라의 미래까지 바꿀 수 있다. 유럽 여러 나라들이 목표로 삼는 것이 무엇인가. 바로 교육강국이다. 두뇌생산성은 교육에서 나오기 때문이다.

다행히 우리 민족은 동양의 유태인이라 불릴 만큼 머리가 좋다. 이스라엘처럼 천연자원이 없는 우리는 국민의 머리에 나라의 운명을 걸 수밖에 없다. 내가 10여 년 전에 뇌연구촉진법 제정을 주도하여 결국 성사시킨 것도 바로 이런 이유에서다.

"사랑하는 두뇌꿈나무들이여! 머리라는 생산공장에 첨단시설을 설치하는 것이 바로 교육입니다. 창의성 교육, 창의적인 자기계발로 여러분의 머리를 최첨단 생산공장으로 만듭시다."

창조적인 눈으로 미래를 보라

내가 중·고등학교를 다닐 때 좋은 성적을 올릴 수 있었던 이유는 무엇이었을까. 그것은 바로 수업 시간에 선생님이 지금 무슨 문제를 내려고 수업을 하시는가에 초점을 맞춰 억양이나 몸동작 등을 살피며 들었기 때문이다. 선생님이 목소리 톤을 높이고 반복하는 부분은 반드시 시험에 나온다는 생각에 놓치지 않고 표시해 두었다. 수업이 끝난 후에는 아이들이 화장실에 갈 때 5분 정도 선생님이 강조하신 부분을 간략하게 정리했고, 집으로 돌아오는 길에는 첫 수업부터 마지막 수업까지 그 내용을 머릿속에 떠올렸다. 잘 생각나지 않는 부분은 집에 도착하자마자 확인했고, 시험 때는 요점 정리해 놓은 것만 집중해서 봤다. 내가 예상했던 문제는 거의 시험에 출제되었다.

사교육 열풍이 불고 있는 지금도 나는 귀 기울여 수업을 듣고 요점 정리만 잘한다면 좋은 성적을 올릴 수 있을 거라고 본다. 하지만 중요한 것은 학교 성적을 올리거나 사람들이 말하는 일류대학에 들어가는 것이 아니다. 지구 전체가 하나의 나라처럼 되어 가고 있는 지금, 우리는 옆에 있는 친구가 아니라 외국의 학생들을 경쟁의 대상으로 삼아야 한다. 다시 말해 경쟁력 있는 두뇌 인력으로 자라는 것이 더 중요하다. 그러나 우리의 현실은 어떤가.

지금까지 우리가 해온 공부는 과거의 역사나 사례를 되짚어 분석하는 것이었다. '과거에 이런 시행착오를 저질렀다. 이와 같은 잘못을 되풀이하지 않기 위해서는 문제점을 찾아내 보완해야 한다.' 는 식의 교육을 해온 것이다. 하지만 아무리 과거를 깊이 분석하고 따져 봐도 현실의 문제를 풀 수는 없다. 미래를 전망하는 것은 더더욱 불가능하다. 그런 공부에 매달릴 바에는 미래를 예견하는 교육을 받는 편이 훨씬 더 효과적이다.

빌 게이츠는 정보화사회를 연 주인공이다. 그가 처음 컴퓨터와 만난 것은 13세 때였다. 백지처럼 순수한 상태에서 컴퓨터를 접한 그는 컴퓨터와 친구처럼 지내며 자신의 내면과 끊임없이 교감했다. 그로 인해 이 세상이 어떻게 변화되어 나갈 것인지 읽을 줄 아는 감성이 생겼고, 컴퓨터가 대중화되는 정보화사회가 오고 있다는 확신을 가지게 되었다.

빌 게이츠는 그때가 되면 소프트웨어가 금맥이고 금광이 될 거라고 예측했다. 그의 예측은 정확했다. 이런 생각이 '정보마인드'라고 한다면 그에게는 남다른 정보마인드가 있었던 셈이다.

빌 게이츠는 하버드대학교에 들어가 법학을 전공하면서 컴퓨터에 열중하고 있던 어느 날 소프트웨어라는 황금을 가득 실은 열차가 달려오고 있다는 사실을 깨닫게 되었다. 그 열차는 우물쭈물하다가는 곧 자신을 지나쳐 버릴지도 몰랐다.

빌 게이츠는 당장 부모님이 살고 계신 집으로 돌아와 학업을 중단하고 사업을 하겠다는 뜻을 내비쳤다. 부모님은 깜짝 놀랐다. 명문대학에 들어가 열심히 공부하고 있는 줄 알았던 아이가 느닷없이 학교를 그만두고 사업을 하겠다고 하니, 더군다나 처음 들어보는 이상한 것을 만들어 팔겠다고 하니 부모 마음이 어떠했겠는가. '공부를 너무 열심히 해서 머리가 이상해진 것은 아닌가?' 하는 의심부터 했을 것이다. 그리고 현실적인 이유를 들어 아이의 마음을 돌리려 했을 것이다.

그러나 빌 게이츠는 자신의 뜻을 이루기 위해 설명과 설득을 계속했고, 그의 어머니는 차츰 아들의 생각을 이해하기 시작했다. 아들은 앞으로 다가올 세계를 말하고 있었고, 남편과 자신은 지난 과거를 잣대 삼아 반대하고 있다는 사실을 깨달은 것이다. 어머니는 남편을 설득해 빌 게이츠가 새로운 모험을 시작할 수 있도록 도와주었다. 어머니의 격려와 지원에 힘입은 빌 게이츠는 미련 없이 대학을 중퇴하고 뜻이 맞는 선배와 함께 사업을 시작했다. 뉴멕시코 주 앨버커키에 마이크로소프트사를 설립한 것이다.

빌 게이츠는 사업자금은 거의 없었지만 아이디어와 기술에 대한 자신감만은 넘쳐흘렀다. 자신의 머리와 손으로 새로운 소프트웨어를 만들 수 있다고 여겼던 것이다. 그리고 마침내 퍼스널컴퓨터 운영체제에 혁신을 일으킨 윈도스95를 개발하여 출시했다. 윈도스95는 발매 4일 만에 전 세계에서 100만 개 이상 팔렸고, 빌 게이츠는 세계 제1위의 갑부가 되었다.

미래 사회는 많은 것을 알고 있는 사람보다는 이미 있는 지식을 응용하여 새로운 지식을 창조하는 사람을 요구한다. 빌 게이츠도 창의성이 있었기 때문에 세계에서 가장 성공한 기업인이 된 것이다. 그것은 인간의 특성 중 하나이며 인류의 발전을 가져온 원동력이기도 하다.

스티븐 스필버그 감독은 〈타임〉지 기자와 인터뷰할 때 자신의 영상사고(Visual Thinking)에 대해 다음과 같이 말했다.

"나는 한 달에 한 번 정도 하늘이 내 머리 위로 내려와 하늘에 있는 여러 가지 영상이 화려하게 펼쳐지는 꿈을 꿉니다. 이때 수많은 아이디어가 머릿속에서 생겨나고 엉키는데 그 순간 내가 만들 영화의 영상이 느껴집니다. 이런 능력은 어머니께서 키워주신 것 같아요."

그는 우리나라가 자동차를 150만 대 수출해야 벌 수 있는 돈을 〈쥐라기 공원〉 한 편으로 벌어들인 '흥행의 귀재' 인 동시에 유럽의 마지막 자존심인 영화의 예술성조차 〈쉰들러 리스트〉 한 편으로 뛰어넘은 영상의 귀재이기도 하다. 이처럼 놀라운 그의 창조적 재능은 어떻게 형성된 것일까.

미국 텍사스A&M대학교의 교수 세 명은 공동으로 지은 『창의성과 정신』이라는 책에서 '어린이의 창조적 재능을 자극하고 개발하는 가장 효과적인 교육방법은 시각적 영상사고를 하도록 유도하는 것' 이라고 강조하고 있다.

인간의 머릿속에 들어 있는 정보의 80% 이상이 눈을 통해 입력되고, 그 대부분은 영상이미지로 기억된다고 한다. 책이나 강의를 통해 입력된 정보가 평면적이고 정적이라면 영상이미지로 입력된 정보는 입체적이고 동적이다. 따라서 이들은 가장 효과적인 창의력 학습방법은 영상을 이용하는 것이며, 영상사고를 키우는 데 교육의 중점을 두어야 한다고 지적하고 있다.

일본의 한 영재교육연구소는 "창조적인 능력은 선천적으로 타고나기보다는 후천적으로 길러지는 면이 강하다. 어릴 때부터 영상사고를 하도록 훈련시키면 창의성을 키우는 데 있어 가장 중요한 후천적 인자인 확산사고가 더욱 발달한다."는 주장을 내놓았다. 하나를 가르치면 둘을 깨우치는 아이의 경우 '확산사고'가 발달되어 남다른 창의성을 발휘한다는 것이다.

스필버그는 12세 때 이미 8mm 무비카메라로 영화를 만들 정도로 영상사고에 푹 빠져 있었고, 이로 인해 확산사고가 발달할 수밖에 없었다. 이처럼 확산사고를 발달시켜 창의성을 키워주는 것이 보다 바람직한 교육방법일 것이다.

정보화시대에는 창의성이 곧 경쟁력이다. 기업체가 경쟁력 있는 물건을 만들기 위해 첨단생산시설에 투자하듯이 국가 차원에서 학생들에게 질 좋은 교육, 즉 창의력 교육을 시켜 빌 게이츠나 스티븐 스필버그 같은 사람들을 많이 배출해야 한다. 내가 심형래 감독에게 관심을 갖고 그의 행보를 주의 깊게 지켜보고 있는 것도 바로 그 때문이다.

“자랑스런 청소년 여러분! 여러분은 빌 게이츠나 스필버그를 뛰어넘을 수 있는 머리를 지니고 있습니다. 그들을 뛰어넘는 첫걸음은 부모님을 설득하는 것에서 시작됩니다. 잠재되어 있는 여러분의 능력을 살리기 위해 먼저 부모님을 설득하는 논리부터 개발해 보는 것은 어떨까요.”

획일적인 평등화교육에서 벗어나자

학생들을 만날 때마다 느끼는 것이지만 현재 우리나라 교육은 많은 문제점을 안고 있다. 시대변화를 따라가지 못하는 공교육, 우수한 학생을 끌어내리는 하향평준화 교육, 좁은 공간에 몰아넣고 하나의 사고만을 강요하는 획일화 교육, 주입식 암기식 교육, 학부모 허리를 휘게 하는 엄청난 사교육비, 자기 자식만 잘 되면 그만이라는 학부모의 무서운 이기심, 아침부터 밤까지 지나치게 긴 학업시간, 개개인의 적성과 특기를 살려주는 교육의 부재 등 해결해야 할 점이 한두 가지가 아니다. 이 상태로는 결코 선진국과의 경쟁에서 이길 수 없다.

우리에게 희망이 되어야 할 대학의 경쟁력을 보라. 그야말로 참담한 수준이다. 2006년 8월 미국의 시사주간지 〈뉴스위크〉가 개방성 · 다양성 · 연구성을 기준으로 선정 발표한 '100대 글로벌 대학'에 한국의 대학은 단 한 곳도 끼지 못했다. 중 · 고등학교 때는 밤을 새워 공부하지만 대학교에 들어가기만 하면 밤새 노는 학생들이 많은 것이 현실임을 감안한다면 당연한 결과인지도 모른다. 반면에 경쟁국가인 일본, 싱가포르, 홍콩의 대학들은 많게는 5개교, 적게는 2개교가 100위권에 들어 있다.

인구 430만 명의 작은 나라 싱가포르는 국민교육을 강조하고 있지만 교육목표를 평준화에 두고 있지는 않다. 오히려 엘리트 교육에 초점을 맞추어 능력이 뛰어난 학생들을 발굴하고 그들에게 집중적으로 투자해 나라에 필요한 인재를 만들고 있다. 리셴룽 현 총리는 "교육평준화를 고집한다면 국가의 수준은 떨어질 것이고 사회는 하향평준화 되어 결국에는 망하고 말 것"이라고 경고하기까지 했다.

요주는 중국 송나라 때 가장 많은 신동을 배출한 고장으로 유명하다. 요주가 그토록 많은 인재를 배출할 수 있었던 것은 재능이 넘치지도 모자라지도 않는 5세 된 아이들을 학문, 예술, 무예 등 각자 지닌 능력에 따라 그룹을 나누고, 그 독특한 재능을 살릴 수 있도록 집중적으로 교육시켰기 때문이라고 한다.

사회구조적인 면에서 볼 때 농업사회는 직종이 단순한 사회였고, 산업사회는 세분화 · 전문화된 사회였고, 정보화사회는 세분화 · 전문화된 영역이 수많은 시스템으로 엮여진 멀티미디어사회다. 따라서 농업사회에서는 많은 분야의 영재를 필요로 하지 않았지만 산업사회에서는 각 분야의 영재를 필요로 했고, 그들이 주도하여 사회발전을 이끌어냈다. 그리고 세분화 · 전문화된 영재들이 이룩한 발전을 엮어 시스템화한 정보화사회에서는 더 많은 고도화된 영재를 필요로 하고 있다.

우리도 많은 분야의 영재를 길러내야 한다. IQ140이 넘는 몇몇 특별한 아이들만을 특수하게 교육시킬 것이 아니라 IQ100 내외의 평범한 아이들에게 개성과 다양성, 창의성을 키워주는 교육을 실시해야 한다. 각각의 관심 분야와 소질을 파악하여 특성화된 영재로 키워야 한다.

최근 선진국에서는 영재의 개념을 폭넓게 정의하고 있다. 집단을 훌륭하게 지도할 수 있는 사람도 영재고, 집단에 강한 동기를 부여하고 활력을 불어넣을 수 있는 사람도 영재이며, 복잡한 문제를 단순 명료하게 설명할 수 있는 사람 역시 영재라는 것이다.

재능이 넘치지도 모자라지도 않는 아이들을 영재로 길러내기 위해서는 어떻게 해야 할까.

첫째, 인터넷 교육을 통해 정보를 이해하는 능력과 응용하는 능력을 키워주어야 한다. 가상현실을 바탕으로 한 학습으로 미래에 대한 꿈을 가지게 하고, 세계화 교육으로 보는 눈을 넓혀주어야 한다. 세계화는 정보화를 통해서만 가능하고, 과학기술이 발달한 여러 나라와의 교류를 통해서만 정보화의 문을 열 수 있다. 따라서 정보화와 세계화는 미래 사회를 이끌어 가는 두 축이 될 것이 분명하다.

둘째, 나라를 위해 어떤 공헌을 하는 인재로 키울 것인가에 대한 뚜렷한 목표를 세우는 동시에 개인의 천재성을 존중하고 국민 모두가 이를 지원하는 문화적 풍토를 만들어야 한다. 그렇지 않으면 인재는 사람들과 어울리지 못하고 고독하게 살아가거나 현실과 동떨어진 이상한 생각을 하는 기형적인 인간이 되고 만다. 영재가 자신의 재능을 충분히 발휘할 수 있을 때는 인재가 되어 빛나는 업적을 쌓을 수 있지만 천재성을 인정받지 못할 때는 무능한 생활인이 되거나 사회의 낙오자가 되기 쉽다.

영재를 발굴하고 그 재능을 개발하여 국력화하는 것은 나라의 미래가 걸린 중요한 일이다. 밝고 희망적인 미래를 원한다면 밝고 희망적인 교육체제를 가져야 한다. 지금은 개성과 창의성이 중요시되는 시대다. 빨리 평등화교육에서 벗어나자.

"사랑하는 승부사들이여! 여러분의 얼굴, 여러분의 손금은 이 세상 그 누구와도 같지 않습니다. 여러분이 지니고 있는 재능도 마찬가지입니다. 자신만이 지니고 있는 독특한 재능을 개발해 세계와 승부합시다."

유태인 가정교육에서 배운다

미국, 독일을 비롯한 세계 여러 나라들이 경쟁하듯 영재교육을 실시하고 있다는 것은 이미 말한 바 있다. 나는 그중에서 특히 이스라엘의 영재교육에 주목하고 있다. 전 세계 인구의 0.3%에 지나지 않는 유태인이 노벨상 수상자의 약 30%를 차지하고 있기 때문이다.

유태인은 머리가 좋은 민족으로 알려져 있지만 타고난 천재가 많지는 않다고 한다. 후천적인 개발, 즉 '머리를 쓰는' 교육을 통해 수많은 영재를 길러내고 있다는 것이다. 이스라엘 정부가 교육에 쏟는 비용은 GNP의 8%에 이른다. 미국의 5.3%, 일본의 3.6%보다 월등히 높은 수치다. 또한 매년 교육예산의 36.7%를 영재교육에 사용하고 있다.

유태 민족은 오래전부터 자녀들에게 배움은 꿈처럼 달고 맛이 있는 것이라고 가르쳐 왔다. 예를 들어 케이크 위에 글자를 만들어 놓고 손가락에 꿀을 묻힌 후 그 위에 써보도록 한다. 그런 다음 손가락을 빨게 한다. 그때부터 아이는 공부는 하면 할수록 재미있고 달콤한 것임을 몸으로 느끼게 되는 것이다.

유태인들은 교실에 얌전히 앉아 선생님 말씀을 잘 듣는 학생이 결코 좋은 학생은 아니라고 여긴다. 그들은 궁금한 점은 무엇이든 질문하라고 권한다. 남들이 바보처럼 생각할 거라고 미리 짐작하고 마음속에 담아두어서는 안 된다는 것이다. 남들이 어떻게 생각하든 학생 자신에게는 아주 중요한 질문이기 때문이다.

교실은 선생님이 전달해 주는 지식을 머릿속에 차곡차곡 쌓는 장소가 아니다. 대다수의 사람들이 두뇌를 바구니처럼 생각해서 많이 집어넣고 기억하는 것이 좋다고 믿고 있지만 그보다 더 중요한 것은 호기심과 창의성 계발이다. 교실은 호기심을 키울 수 있는 장소, 창의적인 토론 장소가 되어야 한다. 항상 질문하고, 끊임없이 남들과 다른 의견을 제시하고, 선생님과도 토론을 벌일 수 있는 곳이 되어야 한다. 어린아이에게는 잘못된 생각을 할 수 있는 권리도 있다. 그것이 성장의 한 과정이기 때문이다. 질문을 많이 하는 아이일수록 보다 더 똑똑해진다.

유태인들은 가정교육을 매우 중요시한다. 유태인 부부에게 "아이들을 어떻게 교육시켜야 한다고 생각하는가?" 하고 물으면 대부분 이렇게 대답한다.

"우리는 아이들이 배웠으면 하는 것을 행동으로 보여줍니다. 이것이 가장 큰 가정교육이라고 생각합니다."

이처럼 유태인의 가정교육은 전적으로 부모들의 행동에서 비롯된다. 부모가 먼저 모범을 보임으로써 자연스럽게 교육이 이루어지는 것이다. 『탈무드』에도 "배움은 가르침을 받는 것이 아니라 큰 사람 앞에 서는 것" 이라는 구절이 있다. 아이들은 스스로 배우는 것이고, 가장 좋은 본보기는 바로 부모다. 퇴근 후나 휴일은 가족을 위한 시간이며, 유태인들은 이 시간을 무엇보다 소중하게 생각한다.

유태인 가정에서는 매주 돌아오는 안식일에는 모든 식구들이 한자리에 모이고, 아버지는 자녀들에게 삶의 지혜가 가득 담겨 있는 『탈무드』에 대해 가르쳐준다. 히브리어로 아버지라는 단어에는 선생님이라는 뜻도 들어 있다. 유태인 아버지는 자녀에게 지식이 아닌 지혜를 가르치고 늘 책을 읽는 모습을 보여주려 애쓴다.

유태인으로서는 처음으로 미국의 국무장관이 된 헨리 키신저는 자서전에서 주일마다 부모와 함께 공부를 했다고 밝히고 있다.

그의 아버지는 한때 독일의 여학교에서 교사생활을 했었고, 가족들이 사는 집은 책으로 가득 차 있었다고 한다. 그는 항상 독서를 하는 아버지의 영향으로 책을 가까이 하게 되어 19세기 유럽사에 대해 해박한 지식을 가질 수 있었고, 이것이 그의 외교 활동에 큰 도움을 주었다는 것은 잘 알려져 있는 이야기다.

나 역시 강직한 성격의 아버지와 마을 사람들에게 넉넉한 인심을 베풀던 어머니를 보며 많은 것을 배웠다. 한 번 옳다고 믿으면 아무리 반대가 심해도 물러서지 않고 밀어붙이는 추진력은 아버지에게서, 빠른 판단과 세상을 넓게 보는 눈은 어머니에게서 배워 익힌 것 같다.

아버지는 팔십이 넘은 나이에도 서울에 올라와 며칠 머무시다 내려갈 때면 자식들이 내주는 차를 관용차(당시 형은 문공부 장관으로, 나는 과학기술처 장관으로 있었다)라는 이유로 타지 않고 버스를 타시던 분이셨고, 어머니는 자식들을 위해서라면 몇 번이라도 이사를 다닐 수 있는 맹모 같은 분이셨다. 부산대에 진학하는 것이 어떻겠느냐는 아버지의 의견에 반대 의사를 분명히 하고 서울대에 들어가도록 한 것도 어머니였다. 사실 자녀교육에 관한 영향력은 어머니 쪽이 더 크다.

유태인들은 오늘날에도 할아버지, 할머니, 삼촌, 숙모, 사촌 형제까지 한 가족으로 보는 대가족제도를 지켜 나가고 있다. 모두 한 집에 모여 사는 것은 아니지만 수시로 연락하고 축제일이나 주말에는 함께 보내며 한 가족이라는 일체감을 다진다. 자연히 자녀들은 부모와 다른 사고방식과 직업을 가진 여러 어른들과의 만남을 통해 다양한 세계를 접하게 된다. 유태인의 지혜가 개인에서 개인으로가 아니라 세대에서 세대로 전해지는 것은 바로 이런 이유 때문이다.

또한 유태인 부모는 작은 방을 사용하고 아이들에게는 큰 방을 쓰게 한다. 그 방에는 두뇌 활동을 자극시키는 놀이기구나 여러 가지 물건을 들여놓는다. 시간이 흘러 아이들이 장난감에 싫증을 내면 새로운 장난감을 사주는 것이 아니라 아이들 방에 있는 가구의 위치를 바꿔준다. 아이들의 뇌신경을 자극하는 한편 모든 사물은 위치와 방향, 그리고 용도에 따라 얼마든지 다르게 보일 수 있고, 또 다르게 이용될 수 있다는 점을 인식시켜 주는 것이다.

유태인의 가정교육 중에 자주성을 키워주기 위한 것으로 '바미츠바' 라는 성년식이 있다. 대부분의 사회는 20세가 되었을 때 성년이 되었음을 인정하지만 유태인 사회는 13세에 성년이 되는 식을 치른다. 이는 한 가정의 행사라기보다는 지역사회의 행사라고 할 수 있다. 성인식을 치른 다음에는 자신이 그때까지 공부한 것을 의식에 참여한 여러 사람들 앞에서 발표해야 하기 때문에 1년 전부터 미리 발표 준비를 한다.

유태인은 이와 같은 방식으로 일찍부터 독립심을 키워준다. 성인식을 치른 후에는 모든 것을 스스로 결정해서 행동하고, 그 행동에 책임을 지도록 하는 것이다.

"사랑하는 효자 효녀 여러분! 가장 영향력이 큰 선생님은 바로 여러분의 부모님입니다. 항상 부모님의 나쁜 점보다는 좋은 점을 생각하고 배우도록 노력합시다. 그러면 자연히 부모님들도 좋은 모습을 보이기 위해 좋은 점을 많이 만들려고 노력하시겠지요."

주이시 마더와 코리안 마더

한국인과 유태인은 공통점이 많은 편이다. 높은 교육열도 그렇고, 주변의 강국에 끊임없이 시달려 왔지만 굴복하지 않고 민족정신을 유지해 왔다는 점도 그러하다. 하지만 교육방식에서는 커다란 차이점을 보이고 있다. 이스라엘은 멀리 앞을 보는 교육을 하고 있고, 우리는 현실에 얽매인 교육을 하고 있는 것이다. 그 차이는 누가 만드는 것일까. 바로 어머니다.

유태인 어머니는 가정에서의 아버지의 권위를 확고하게 세워준다. 항상 남편을 존경하고 최종결정권을 남편에게 맡긴다. 아이들에게는 자신에게 일어난 좋은 일, 나쁜 일, 옳은 일, 잘못된 일 모두 아버지에게 알리라고 가르친다. 이렇게 자라난 자녀들은 아버지를 믿고 따르며 존경하지 않을 수 없다. 아버지가 권위를 가지면 가

정의 질서는 흔들리지 않게 되고, 아이들은 올바른 가치관을 지닌 사회의 구성원으로 자라게 된다.

유태인들은 자녀를 굳건한 신앙과 믿음을 지닌 사람으로 키우는 것을 매우 중요하게 생각한다. 그리고 이런 교육의 일차적 책임은 부모, 특히 어머니에게 있다고 본다. 어머니는 아이를 가르치는 최초의 교육자이자 자녀를 정통 유태인으로 키우는 주체라는 것이다.

유태인 어머니들은 우리나라 어머니 못지않게 자녀교육에 열성적이다. 그들은 자녀들을 가르쳐야 한다는 의무감과 그에 대한 자부심을 동시에 갖고 있다.

그렇다면 주이시 마더(Jewish Mother)라는 명성을 얻으며 세계적인 브랜드가 된 유태인 어머니와 우리나라 어머니는 어떤 점이 다를까.

첫째, 주이시 마더는 아이의 뇌가 어른과 비슷하다는 것을 전제로 자녀를 키운다. 최근의 학설에 따르면 생후 6개월이 되면 뇌세포가 갓 태어났을 때의 2배로 발달하고, 만 3세가 되면 어른의 70~80%까지 발달한다고 한다. 이때가 두뇌발달이 가장 왕성하게 이루어지는 시기다. 주이시 마더는 아이가 울면 방에 놔두고 문을 닫아버린다. 그러면 아이는 어느 순간 울어도 소용없다는 것을 깨닫고 울음을 그친다. 어른과 비슷한 머리가 있으니 깨우치는 것이다. 반면에 우리나라 어머니, 즉 코리안 마더(Korean Mother)는 똥오줌을 못 가리는 몸을 보고 아이를 키운다. 아이가 울면 안고 달래느라 쩔쩔맨다.

둘째, 주이시 마더는 국가 차원에서 끊임없이 재교육을 받는다. 이스라엘 정부는 교육예산의 30%를 어머니 재교육비에 사용한다. 반면에 코리안 마더의 재교육은 대부분 동창회에서 이루어진다. 남들이 좋다고 하면, 효과를 봤다고 하면 자녀의 적성은 생각지도 않고 무조건 따라 하는 것이다. 주이시 마더가 자녀교육에 있어 유면허 안전운전을 하고 있다면 우리나라 어머니들은 무면허 난폭운전을 하고 있다고 할 수 있다. 우리 어머니들은 자식의 감시자, 감독자, 경찰, 검찰의 역할을 하지만 주이시 마더는 친구가 되어 준다.

셋째, 주이시 마더는 아이들에게 다른 점, 틀린 것 등을 하나하나 지적하며 공부시키지 않는다. 그녀들이 무엇보다 중요하게 여기는 것은 아이들의 개성이다. 남과 똑같은 생각, 똑같은 행동을 강요하지 않고 아이들 각자가 지닌 재능을 발견하여 키워주려고 애쓴다.

유태인의 모국어인 히브리어의 '히브리'는 '혼자서 다른 편에 선다.'는 어원을 가지고 있다. 따라서 개성을 살리는 일은 마치 모국어를 쓰는 것처럼 유태인의 생활 전반에 깊숙이 스며들어 흐르고 있는 자연스러운 교육태도라고 할 수 있다. 반면에 코리안 마더는 아이들이 남들과 다른 생각을 하면 '왕따'가 될지도 모른다는 걱정을 하며 바꾸려고 든다.

넷째, 주이시 마더는 물질을 물려주기보다는 돈을 버는 지혜를 가르친다. 『탈무드』에 '물고기 한 마리를 주면 하루밖에 살 수 없지만 물고기를 잡는 법을 가르쳐주면 평생을 먹고살 수 있다.'는 격언이 있다. 자녀들에게 남길 수 있는 가장 중요한 유산은 물질이 아니라 지식과 지혜임을 강조한 말이다.

반면에 코리안 마더는 책 속에 들어 있는 내용을 밤을 새워서라도 달달 외우게 하고, 과외까지 시켜 가며 대학에 보내려고 안간힘을 쓴다. 하지만 그런 일은 당장 먹을 물고기를 던져주는 것에 지나지 않는다. 그렇게 하면 빠른 시간 안에 좋은 성적을 낼 수는 있을지 몰라도 더 깊은 학문의 세계로 들어가기는 어렵다. 대학 신입생들이 강의를 제대로 이해하지 못하는 것도 단편적인 지식만을 외우도록 하는 암기식, 주입식 교육 때문이라고 할 수 있다. 스스로 사고하고 분석해서 정리하는 능력이 모자라는 것이다.

주이시 마더는 공부하는 자식이 혹시 엉뚱한 짓이라도 하면 어쩌나 하는 조바심으로 책상 옆에 붙어 앉아 꾸벅꾸벅 조는 일이 없다. 그보다는 지식을 자기 것으로 만드는 방법을 가르친다. 그 방법을 다른 분야에도 응용하여 스스로 문제를 해결해 나가는 기쁨을 누리게 되면 공부하는 재미도 더 커지게 된다.

다섯째, 주이시 마더는 아이들이 학교에 다녀오면 "오늘은 선생님에게 어떤 질문을 했니?"라고 묻는다. 유태인 어머니들은 아이들이 얌전하고 말 잘 듣는 수동적인 아이가 되기를 원하지 않는다. 좀 더 적극적인 자세로 배우기를 바란다. 반면에 한국의 어머니들은 아이가 학교에 다녀오면 "오늘 공부 열심히 했니?" 하고 묻는다.

나는 요즘 코리안 마더의 자녀 사랑이 어딘가 어긋나 있다는 생각을 많이 한다. 자식을 키우는 것이 아니라 시중을 드는 것처럼 느껴지기 때문이다. 아이가 밥을 잘 먹지 않으면 한국의 어머니들은 밥을 들고 다니며 먹이려고 한다. 그러나 아이가 밥을 먹지 않으려고 하면 억지로 떠먹일 것이 아니라 굶겨야 한다. 배고픔을 모르기 때문에 밥을 먹지 않는 것이다. 아무리 밥을 싫어하는 아이라도 배탈이 나서 일주일 동안 설사를 하고 난 후에는 밥만 보면 정신을 못 차릴 것이다.

얼마 전에는 초등학교 5학년인 외손녀가 하룻밤 가출을 해 우리 집에 와서 자고 갔다. 공부를 곧잘 하는데도 엄마가 하도 공부하라고 강요하니까 아예 집을 나온 것이다. 큰딸은 자라면서 부모님 속을 썩인 적이 없는 모범생이었고, 대학을 졸업할 때까지 항상 반에서 1, 2등을 다투던 우등생이었다. 그래서인지 아이가 공부를 더 잘했으면 하는 마음이 있는 것 같았다.

나는 외손녀를 데리고 큰딸 집을 찾아가 물었다.

"너희들은 왜 그렇게 공부하라고 아이를 들볶는 것이냐?"

딸아이는 대답했다.

"우리 아파트에 사는 다른 엄마들도 모두 그렇게 해요."

한국의 어머니들이 재교육을 받는 곳은 동창회뿐만이 아닌 듯했다. '아파트 부녀회, 학교 학부모회 등 여러 어머니들이 모이는 곳이라면 어디든지 재교육 장소가 된다.' 는 생각이 들었다.

나는 마침 집에 있는 사위를 불러 딸 옆에 앉혀 놓고 말했다. 독립유공자 집안에서 태어나 가정교육을 잘 받고 자란 사위는 예의 바르고 겸손한 사람이었다.

"너희들이 자식이 잘 자라기를 바라는 것처럼 나도 외손녀가 잘되기를 바란다. 그러나 남들이 한다고 따라 할 이유는 전혀 없다. 그 아이들과 너희들의 아이는 성격이나 적성을 비롯해 모든 면에서 다르지 않느냐? 다른 것은 틀린 것이 아니다. 자신만의 고유한 개성이다. 지금 당장의 성적만 보고 아이를 키워서는 안 된다. 아이들에게 정말 필요한 것은 너희들이 세상을 떠나고 홀로 섰을 때 잘 살아갈 수 있는 길을 마련해 주는 것이다."

진심으로 자식을 사랑한다면 혼자 설 수 있도록 보이지 않는 곳에서 지켜보고 도와주어야 한다. 지나친 보살핌이 아이의 눈과 귀를 멀게 하고 스스로 판단해서 행동하지 못하도록 만드는 것이다.

사회는 갈수록 복잡해지고 경쟁은 더욱더 치열해질 것이다. 미래의 세계를 이끌어 나갈 아이를 원한다면 아이 스스로 생각하고 판단할 수 있는 시간과 공간을 주어야 한다. 상상의 나래를 활짝 펼칠 수 있는 자유와 실패할 수 있는 권리를 주어야 한다. 그러다 좌절하면 다시 시도할 수 있도록 격려해 주어야 한다. 실패가 두려워 모험 자체를 하지 못하게 만들어서는 안 된다. 어머니의 품이라는 새장 안에 갇힌 예쁜 새가 아니라 넓은 세상을 향해 거침없이 나갈 수 있는 독립성과 창의성을 갖춘 아이로 길러야 한다.

"존경하는 부모님들! 이제는 어머니들도 21세기 두뇌경영시대에 맞게 글로벌사고를 해야 합니다. 우리의 미래를 이끌어 갈 아들들은 바로 여러분들의 자식입니다."

부엌은 훌륭한 교실이다

나는 시간이 날 때면 가끔 식구들과 함께 가까운 음식점을 찾는다. 값비싼 고급 음식점이 아니라 서민들이 즐겨 찾는 감자탕집 같은 곳에 가서 정감 있는 음식을 먹으며 음식을 만드는 사람, 나르는 사람들과 이야기도 나눈다. 그런데 재미있는 것이 갈수록 남자 주방장이 늘어나고 있다는 사실이다. 지금은 많이 달라졌지만 우리나라에서는 남자가 부엌에 들어가는 것이 금기 사항이나 마찬가지였다. 집안일은 하찮은 것이고, 여자들이 하는 것이라는 인식이 강했던 것이다.

그러나 이스라엘에서는 부엌이 훌륭한 교실이 된다. 부엌은 끓이는 것, 얼리는 것, 깨끗한 것, 더러운 것, 액체로 된 것, 가루로 된 것 등을 보여주며 가르칠 수 있는 가장 좋은 장소이다. 유태인 어머니는 아이가 말을 하기 시작하면 부엌으로 데려가 음식 재료를 주사기 모양으로 썰고, 얇게 썰고, 섞고, 찌는 등의 행동을 직접 해보인 후 그 행동에 대한 말을 가르친다.

아이가 좀 더 자라면 요리에 들어갈 재료에 대해 가르친다. 이름과 들어갈 양, 음식을 만드는 순서에 대해 이야기한다. 아이는 이런 경험을 통해 자연스럽게 단어들을 기억하게 된다.

또한 다른 나라의 음식을 만들며 그 나라의 역사와 문화를 가르치기도 하고, 그 음식을 먹게 된 역사적인 배경이나 식탁에 오르기까지의 과정을 들려주기도 한다. 2000년 이상 나라 없이 전 세계에 흩어져 살아온 유태인들은 각자 태어난 곳이 다르고 자라온 환경과 문화, 생활양식이 다르기 때문에 음식도 전 세계의 재료를 이용해 다양하게 요리해 먹는다. 아이들은 부엌에서 어머니와 요리방법 등에 대해 이야기하며 다양한 용어를 익히는 한편 재료에 대한 지식도 넓혀 나간다.

유태인 어머니들은 저녁 식사를 준비하기 전에 아이들에게 묻는다.

"오늘은 어떤 국을 먹을까?"

아이들은 어머니의 질문에 대답하기 위해 스스로 생각하고 결정한다. 이 과정에서 아들은 자신과 부모의 입장까지 고려해 결정을 내리는 체험을 하게 된다.

유태인 어머니들은 가능한 한 똑같은 음식을 계속해서 식탁에 올리지 않는다. 늘 새로운 요리를 만들기 위해 노력한다. 그것은 자녀들에게 새로운 음식을 먹이기 위해서이기도 하지만 새로운 경험을 하는 기회를 제공한다는 뜻이 더 크다. 부엌은 이처럼 사랑하는 가족들을 위해 음식을 만드는 소중한 장소이면서 동시에 아이들을 교육시킬 수 있는 교육의 장이 되기도 하는 것이다.

소아마비 예방 백신을 개발한 독일의 유명한 의학자 요나스 소크(Jonas Salk)는 다음과 같은 매우 의미 있는 말을 남겼다.

"나는 소크백신을 개발하기까지 수천 번의 실험을 되풀이했다. 내가 이러한 실험정신을 갖게 된 것은 어머니가 매일 새로운 요리를 만들어주었기 때문이다."

미국의 학교에서 끈질기게 질문하고 반대 의견을 내놓은 후에 토론하는 것을 즐기는 학생 중에는 유태인이 많다고 한다. 그렇게 토론하고 자신의 의견을 재검토하는 시간을 통해 의문점들은 하나의 지식으로 완성된다고 한다. 유태인이 어느 사회에서나 두각을 나타내고 많은 업적을 이루는 것은 이처럼 늘 탐구하고 사고하기 때문일 것이다.

천재를 만드는 어머니

나이가 들수록 어머니에 대한 그리움이 더욱 짙어지는 것이 사람 마음인 듯하다. 체구는 크지 않았지만 마음은 컸던 어머니는 공부보다는 친구들과 어울려 노는 것을 더 좋아했던 나를 믿고 말없이 지켜봐 주셨다. 고등학교 때 병에 걸려 누워만 지내야 했던 내 병수발을, 그것도 3년 반 동안이나 힘들다는 내색 한 번 하지 않고 들어주신 분이다. 나에게도 힘든 시기였지만 어머니에게도 참으로 고통스러운 나날이었을 것이다. 어머니의 정성 어린 보살핌이 없었다면 과연 살아날 수 있었을까. 어머니는 나에게 생명을 두 번 주신 분이다. 그 후 병이 나아 검정고시에 합격하자 서울로 유학을 보내 넓은 세상을 보게 해주셨다. 어머니의 믿음과 지원이 없었다면 아마 지금의 나는 존재하지 않았을 것이다. 문득 정한모 시인의 시가 생각난다.

어머니는
눈물로
진주를 만드신다.

그 동그란 광택(光澤)의 씨를
아들들의 가슴에
심어주신다.
씨앗은
아들들의 가슴속에서
벅찬 자랑
젖어드는 그리움

때로는 저린 아픔으로 자라나
드디어 눈이 부신
진주가 된다.
태양이 된다.

다시 유태인들의 교육에 대한 이야기를 해보자. 이스라엘에서는 자녀들에게 종이에 대해 가르칠 때 제조 과정, 역사, 종류 등과 함께 그에 얽힌 지혜도 알려준다고 한다.

"안네 프랑크는 일기를 쓸 종이를 어떻게 구했고, 얼마나 아껴서 썼는가?"

"폴란드에서 추방당한 유태인들이 추운 허허벌판에서 잠을 잘 때 어떻게 종이로 이불을 만들어 덮었는가?"

등등의 이야기를 들려준다는 것이다. 즉 한 가지 사실에 대해 단순한 명제만을 머릿속에 넣어주거나 개념을 설명하는 것이 아니라 그 사실로부터 어떤 결과를 이끌어낼 수 있는 여러 가지 창의적 경험에 대해서도 전해 주는 것이다.

유태인들은 자녀들의 탐구심을 길러주고 실험정신을 높이는 것은 어머니의 당연한 의무이자 역할이라고 생각한다. 어머니는 어린이의 호기심을 자극하고 지적인 창의력이 잘 자라도록 격려야 주어야 한다는 것이다.

유태인들은 이처럼 어머니의 역할을 중시하고 있다. 유태인의 격언 중에 "신은 언제 어디에서나 있을 수 없다. 그래서 신은 어머니를 만들었다."는 말이 있을 정도다. 실제로 유태인 여자와 외국인 남자 사이에 태어난 아이는 유태인으로 인정받지만 유태인 남자와 외국인 여자 사이에 태어난 아이는 유태인으로 인정받지 못한다. 그만큼 유태인 사회에서 어머니가 차지하는 비중은 크다.

아인슈타인은 어린 시절 선생님과 친구들에게 '머리가 약간 이상한 아이'로 인식되어 따돌림을 당했다. 13세 때 학교 생활기록부에 그는 지진아로 기록되어 있다. 담임선생님은 다음과 같이 단언했다.

"더 이상 이 아이가 수업에 들어오지 않았으면 합니다. 앞으로도 계속 엉뚱하고 바보 같은 질문을 늘어놓는다면 다른 학생들이 많은 피해를 입을 것입니다."

아인슈타인의 아버지도 아들을 좀 모자란 아이로 여기기는 마찬가지였다. 그때 어머니의 부탁을 받은 삼촌 야곱은 아인슈타인에게 수학을 재미있게 푸는 방법을 가르쳐주었다.

"쫓고 있는 동물이 잡히지 않으면 즉시 그것을 X로 하고 잡힐 때까지 사냥을 계속하면 된다."

그러자 수학을 공부하는 것이 마냥 신이 났다.

아인슈타인의 어머니는 아들과 함께 사냥놀이를 하며 아들의 내면세계로 들어가 그를 이해하려고 노력했고, 마침내 아인슈타인에게도 남다른 재능이 있다는 것을 알아냈다. 그것은 바로 추리하는 능력이었다. 그녀는 아들의 생각에 관심을 기울였고, 엉뚱하다고 느껴질지라도 내색하지 않았다. 아들이 재미를 느끼는 이 별난 학습을 통해 궁금증과 호기심을 자극하고 문제를 해결할 때마다 격려해 준다면 장차 훌륭한 학자가 될 거라고 믿었기 때문이다. 그녀는 아이의 엉뚱함을 남과 다른 특별함으로 여겼던 것이다.

삼촌과 어머니의 도움으로 대수(代數)에 취미를 붙인 아인슈타인은 유클리드의 평면기하학에 관한 책을 열심히 읽었고, 16세까지 독학으로 미적분학을 공부했다. 그리고 26세의 젊은 나이에 상대성 이론이라는 거대한 X를 사냥해 냈다.

어떤 의미에서는 인생도 아인슈타인이 즐겼던 X 사냥놀이 같은 게임이라고 할 수 있다. 인간은 인생게임에서 이기기 위해 교육을 받는데 그 과정 또한 평생에 걸쳐 이루어지는 잠재능력 개발게임이라고 할 수 있다. 이와 같은 게임의 본질을 잘 파악하고 있었던 아인슈타인의 어머니는 놀이를 통해 호기심과 놀이본능을 동시에 자극해서 아들교육에 성공한 것이다.

'컴퓨터 소프트업계의 황제' 로 불리는 빌 게이츠는 13세 때 부모를 졸라 컴퓨터를 샀다. 당시 컴퓨터는 아이에게 사주기에는 너무 비쌌고, 그와 같은 나이의 아이들은 대부분 거들떠보지도 않았던 '기계' 에 불과했다. 그러나 다른 아이들과 닮은꼴이 되는 것을 원치 않았던 어머니는 아들이 호기심을 가지고 열정을 쏟는 모습을 보고 컴퓨터를 사주었다. 아들의 미래에 도움이 될 거라고 확신했던 것이다. 어린 아들이 컴퓨터를 사달라고 졸랐을 때 어머니가 들은 척도 하지 않았다면 오늘의 빌 게이츠는 아마 존재하지 않았을 것이다.

피카소는 비록 학교에 다니기는 했지만 읽기, 쓰기 등의 공부는 전혀 하지 않았다. 심지어 알파벳 순서조차 몰랐다. 그의 관심은 오직 그림에만 집중되어 있었다. 학교에서도 그림만 그렸다. 교과서의 빈 페이지는 모두 그림으로 채워져 있었다. 그러나 피카소의 부모는 아이에게 공부하라는 말을 하지 않았다. 피카소는 학교 수업을 마치고 집에 돌아오면 누구의 방해도 받지 않고 혼자 그림을 그렸다.

어떤 부모는 자녀를 소유물로 생각하고 자신이 이루지 못한 꿈을 대신 이루도록 강요한다. 잘못된 일이다. 어린이는 자신의 꿈을 이루기 위해 살아가는 것이다. 부모의 임무는 아이가 꿈을 이룰 수 있도록 돕는 데 있다.

피카소의 어머니는 아버지를 흉내 내 늘 그림을 그리고 있는 아들의 재능을 주의 깊게 살폈다. 그녀는 피카소가 10세가 되자 아버지가 교사로 있는 미술학교에 보냈다. 아들이 집에 돌아와서도 그림만 그릴 수 있도록 했다. 다른 것은 잘하지 못해도 상관하지 않았다.

피카소는 13세 되던 해 아버지를 뛰어넘는 실력을 갖추게 되었다. 아버지는 아들이 자기보다 훨씬 더 능숙하게 비둘기를 표현한 그림을 보고 자신의 붓과 물감을 피카소에게 주었다. 그리고 다시는 그림을 그리지 않았다고 한다.

피카소의 어머니 못지 않은 사람이 있다. 바로 에디슨의 어머니다. 어려서부터 남달리 호기심이 많았던 에디슨은 수업 시간에 곧잘 딴생각을 하거나 엉뚱한 질문을 던져 선생님에게 바보 취급을 당하다 결국 퇴학을 당했다. 그 이유는 '1+1=2' 라는 것을 인정하면서도 때로는 1이 된다고 고집했기 때문이었다.

화가 난 선생님은 에디슨 어머니를 불러 아이를 데려가라고 말했다. 어머니가 물었다.

"왜 그러시는 거죠, 선생님?"

선생님은 어머니가 보는 앞에서 에디슨에게 질문을 던졌다.

"1+1은 얼마가 되지?"

에디슨은 대답했다.

"둘이 되지만 하나가 되기도 합니다. 엄마, 일 더하기 일이 하나가 되는 것을 보여줄까?"

그러고는 진흙 뭉친 것을 두 개 들고 와서 어머니에게 보여주며 말했다.

“봐, 이렇게 합치니까 하나가 되잖아.”

어머니는 아들을 나무라지 않았다. 오히려 아이의 엉뚱한 대답을 소중히 여기고 가정교육을 통해 미래의 발명왕을 길러냈다. 어머니가 아이를 꾸짖고 아이의 생각을 무시했다면 에디슨은 어떻게 되었을까.

소질도 없고 열정도 없는데 누가 누구를 어느 학원에 보낸다고 해서 피아노학원으로, 미술학원으로, 웅변학원으로 아이들을 내모는 어머니가 되어서는 곤란하다. 현명한 어머니는 남들 눈에 비보로 보이는 아이의 특성을 파악해 천재로 키울 수 있지만 판단력이 없는 어머니는 영재도 보통의 아이로 만들어버린다.

21세기 지구촌을 이끌어 갈 카라얀 같은 명지휘자는 당연히 한국에서 나와야 한다. 그러나 ‘제2의 유태인-한국인(KEW, Korean Jew)’라는 그다지 유쾌하지 못한 이름보다는 ‘가정교육의 대명사, 한국의 어머니(Korean Mother)’에게서 잉태되고 태어나야 한다.

나는 한국의 어머니들이 세계 어느 나라의 어머니들보다 열성적이라고 생각한다. 그 넘치는 에너지를 창의적인 자녀교육에 쏟는다면 한국의 영재들은 과외공부에 지치지 않을 것이고, 유태인을 뛰어넘는 자랑스러운 한국인으로 거듭날 것이다.

우리의 미래를 위해서는 창의적인 교육이 필요하다

1

2

1 정보과학꿈나무 육성 심포지엄에서. 과학꿈나무들에게 밝고 희망적인 미래의 모습을 제시하다.

2 부모님들에게 가정교육의 중요성을 강조하며. "오늘날의 빌 게이츠를 만든 것은 바로 어머님입니다."

3 2000년 7월에 열린 전국학생과학발명품 경진대회에서. "그 나라의 미래는 그 나라의 젊은이들의 모습을 보면 알 수 있습니다."

4 제6회 한국우주소년단 우주과학캠프. 우리 우주소년단원들이 진지한 표정으로 과학실험에 임하고 있다.

5 지구촌 우주소년단 큰잔치에서. "과학 연구도 잔치를 벌이는 것처럼 재미있게 합시다!"

나를 키운 것은 호기심과 신념, 그리고 가족

서정주 시인은 〈자화상〉이라는 시에서 '나를 키운 것은 팔 할이 바람'이라고 노래했다. 그렇다면 나를 키운 것은 무엇일까? 그것은 아마도 호기심과 신념일 것이다. 어렸을 때부터 유난히 호기심이 많았던 나는 산으로 들로 돌아다니며 생명의 신비로움에 눈을 떴고, 힘들게 살아가는 사람들의 삶을 바라보며 어두운 세상을 밝히는 빛이 되겠다는 마음을 먹게 되었다. 온갖 것들이 자라는 자연과 사람들이 사는 마을은 나에게는 거대한 배움터나 마찬가지였던 것이다.

그 후 고등학교 2학년 때 폐결핵과 늑막염에 걸려 3년 반이라는 짧지 않은 시간 동안 지독한 고통에 시달렸던 나는 사람에게 있어 가장 중요한 것은 무엇인가에 대해 보다 깊이 생각하게 되었다.

그때 아주 가까운 곳에서 나를 유혹하던 죽음을 물리칠 수 있었던 것은 '정신의 힘으로 병을 이겨낼 수 있다.'는 신념이었다. 무서운 것은 육체의 병이 아니라 정신의 병이다. 내 힘으로는 아무것도 할 수 없다고 생각하면 정말 아무것도 할 수 없게 된다. 반면에 어떤 어려움이 닥쳐도 헤쳐 나갈 수 있다는 강한 신념과 마음자세만 있다면 용기와 희망이 생기고 길이 보이게 된다.

오랫동안 앓았던 탓에 공대가 아닌 약대로 진로가 바뀌었지만 후회는 없었다. 신약을 개발해 병으로 신음하고 있는 많은 사람들을 구하는 것도 세상을 밝히는 또 하나의 방법이었기 때문이다.

검성고시를 치러 서울대 약학과에 입학한 나는 졸업 후 동아제약에 입사해 직장생활을 하며 석·박사 과정을 밟아 박사학위를 받았다. 그 무렵 나의 진로는 또다시 바뀌게 된다. 대학원에 처음 생긴 약물학과 제1회 졸업생이어서 자연스럽게 학교에 남을 수 있었지만 변리사 시험을 준비하기 시작했던 것이다. 동아제약에서 연구개발 담당자로 일했던 나는 특허와 관련해 지구촌 구석구석을 돌아다니며 세계 각국이 지적재산권을 놓고 다투는 시대가 올 것임을 알아차렸다. 한마디로 미래를 보는 눈이 뜨인 것이다.

돌이켜 보면 내가 빠르게 변화하는 시대의 흐름 속에서 미래를 내다보고 남들보다 한 발 앞서 걸어갔던 것은 유난히 강했던 호기심 때문이 아니었나 싶다. 더운죽처럼 내 마음속을 뜨겁게 하는 호기심이 새로운 세계에 대한 두려움을 없애고, 탐구하는 자세와 도전 정신을 북돋워준 것이 아닐까.

나는 변리사 자격증을 따자마자 미국으로 유학을 떠나 조지타운대학교 로스쿨에서 특허법을 공부하고 미국 특허청 심사관 과정을 마쳤다. 그리고 한국에 돌아와 서울대학교 최고경영자 과정과 행정대학원 발전정책연구원 과정을 마쳤고, 민정당의 제의를 받아들여 전국구 의원으로 의정 활동을 시작했다. 이 모든 일들은 지적재산권 경제시대에 대비할 수 있는 기틀을 마련하기 위함이었다. 그러기 위해서 가장 먼저 해야 할 일은 과학기술의 중요성을 국민에게 알리는 것이었다. 과학기술을 바탕으로 국가 경쟁력을 키우지 않으면, 대한민국의 미래는 어둠에 묻힐 수밖에 없었다.

내가 그동안 과학기술처 장관, 정당 정책위의장, 국회 상임위원장, 청와대 대통령자문위원장 등 중책을 맡아 일하면서 가장 중점을 두었던 부분이 바로 21세기 지적재산권 세계경제시대를 이끌어갈 과학한국을 만드는 것이었다.

아내에게 미안한 일이지만 하루 24시간이 모자랄 정도로 뛰어다니다 보니 어쩔 수 없이 가정에는 소홀할 수밖에 없다. 가정이라는 울타리를 든든히 지켜준 아내의 배려와 인내심과 희생이 없었다면 나 역시 그 많은 일들을 해내지 못했을 것이다.

아내뿐만이 아니라 큰아들, 큰딸, 작은딸, 큰사위, 작은사위 모두에게 감사한다. 큰아들은 고등학교를 졸업하고 법대를 가려고 했지만 나는 "여름에는 여름옷을 입고 가을에는 가을옷을 입어야 하듯이 시대의 흐름에 맞는 옷을 입어야 한다. 현 시대가 요구하는 것은 바로 기술이다. 따라서 과학기술이라는 옷을 입어야 한다."고 설득해 공대에 가게 했다.

큰아들은 내 말을 받아들여 서울대 공대를 졸업하고 미국 일리노이대학교 어바나-샴페인 캠퍼스로 유학을 떠나 전자공학 박사학위를 받았다. 그때 아들은 법을 공부하고 싶은 마음을 버리지 못하고 하버드대학교 로스쿨에 진학하려 했다. 그러나 이번에도 "세계의 기술과 금융을 조화시키는 것이 시대적인 요구"라며 막았다. 결국 아들은 보스턴컨설팅에 들어갔고, 지금은 일본의 기술금융그룹에 스카우트 되어 대표로 일하고 있다. 아들이 일본의 기술금융그룹에서 배우고 익힌 노하우는 훗날 우리나라의 미래를 위해 요긴하게 쓰일 것이다.

큰사위는 서울대학교 정형외과를 다녔는데 나는 "지금은 농업사회나 산업사회가 아닌 정보화사회다. 따라서 팔다리 부러질 일이 없고, 사람들이 컴퓨터를 많이 사용하는 탓에 척추디스크가 약화되기 쉬우니 전공을 그쪽으로 돌려라."라고 조언했다. 큰사위도 내 말을 받아들여 척추디스크를 전공하고 그 분야의 전문가가 되었다.

미국 대학에서 경영학을 전공한 막내사위에게는 변호사 자격증을 따고 러시아어를 공부해서 러시아 전문 변호사가 되라는 조언을 해주었다. 지금 막내사위는 다시 미국에 들어가 변호사 공부를 하고 있다.

아이들이 이처럼 내 말을 잘 따르는 것은 그 내용에 충분히 공감하기 때문이겠지만 더 큰 이유는 유태인 어머니처럼 가정에서 아버지인 내 권위를 세워주고 아이들이 올바른 심성을 갖도록 교육시킨 아내에게 있다고 생각한다. 이 자리를 빌려 바쁘게 일하는 남편 뒷바라지하느라 고생한 아내와 잘 자라준 아들딸들, 사랑과 믿음으로 함께하는 사위들에게 고마운 마음을 전하고 싶다.

우리는 앞으로 지구를 하나의 인간으로 볼 때 머리에 해당되는 러시아와 손을 잡고 첨단 지적재산권을 만들어 남미에 수출해야 한다. 우리나라와 정반대되는 곳에 있는, 땅이 비옥하고 드넓은 남미를 우리의 머리를 세울 수 있는 몸으로 보자는 것이다. 이를 위해서는 무엇보다 먼저 교육체제를 바꿔야 한다. 입시 위주의 암기식 교육이 아니라 전 세계 어느 나라 젊은이들과 겨루어도 결코 뒤지지 않는 창의성 교육을 실시해야 한다. 우리 아이들을 언제까지 우물 속에 가둬둘 것인가. 이제부터라도 우물 속에서 뛰쳐나와 첨단 지적재산권을 만들고, 생산기지를 확보하고, 영업해서 팔 수 있는 길을 터주어야 한다. 그 밑바탕이 되는 것은 두말할 것도 없이 과학이다. 다시 말해 미래 지향적인 사고, 합리적인 사고, 창조적인 사고다.

과학한국!

나는 칠순이 넘은 지금도 이 말만 들으면 순진한 어린 소녀처럼 가슴이 설렌다. 피 끓는 젊은이처럼 열정이 솟아오른다. 넘치는 호기심을 주체하지 못해 산으로 들로 바다로 돌아다녔던 어린 시절부터 내가 걸어가야 할 길은 정해져 있었던 것일까.

나는 내 남은 삶을 과학한국을 이루는 데 아낌없이 바칠 것이다. 그것이 내 평생의 소원인 동시에 사명이라고 생각하기 때문이다.

대한민국의 미래 **과학두뇌가 희망이다**

2008년 7월 7일 초판 1쇄 발행
2008년 12월 20일 초판 2쇄 발행

지은이 | 이상희
펴낸이 | 오영교
펴낸곳 | 도서출판 한걸음 · 더

신고번호 | 제2-4748호(301-2007-187)
신고일자 | 2007년 11월 15일
주소 | 100-715 서울특별시 중구 필동 3가 26
전화 | (02) 2260-3483~4, (02) 2264-4705
팩스 | (02) 2268-7851
Home page | http://www.dgpress.co.kr
E-mail | book@dongguk.edu
인쇄처 | (주)보명C&I

ISBN 978-89-961004-3-0 03040

책값은 뒤표지에 있습니다.
잘못된 책은 바꾸어드립니다.
도서출판 한걸음 · 더는 동국대학교출판부의 자매브랜드입니다.